Karl Georg Breit

Heilen der Seele

Die Spirituell-Astrologische Psychologie
der Neuen Zeit

Hans-Nietsch-Verlag

Hinweis: Die 53 im Buch besprochenen Horoskope finden Sie auch auf der Website des Autors *www.spirituell-astrologische-psychologie.de*. So können Sie die Kosmogramme beim Studieren des Buches mit Ihrem Computer aufrufen und die astrologische Deutung des Horoskops am Bildschirm unmittelbar nachverfolgen.

Redaktion und Lektorat: Martina Klose
Korrektorat: Ute Orth
Coverdesign und Satz: Kurt Liebig
Erstellung der Horoskope nach der Huber-Koch-Methode:
mit Megastar-Software
Druck: FINIDR, s.r.o., Český Těšín/Tschechische Republik

Hans-Nietsch-Verlag
Am Himmelreich 7
79312 Emmendingen

www.nietsch.de
info@nietsch.de

ISBN 978-3-86264-218-2

Inhalt

Vorwort

Der Mensch ist vor allem ein spirituelles Wesen. Werden seine spirituellen Bedürfnisse nicht befriedigt, so macht ihn das genauso krank, als wenn für soziale oder körperliche Bedürfnisse nicht gesorgt ist. In einer Gesellschaft, in der die spirituelle Dimension des Menschseins tabuisiert und verdrängt wird, kann der Mensch seine gefühlte innere Leere wie auch die Sehnsucht nicht zuordnen. Deshalb ist es kein Wunder, dass so viele Objekte als Ersatzbefriedigung dienen und die Sucht nach immer neuen Erfahrungen und stärkeren Reizen entsteht. Diese können nicht wirklich nähren. Die spirituelle Dimension könnte das Getrenntsein lösen – das Getrenntsein, das die Ursache der existenziellen Verzweiflung ist, von der Kierkegaard sagte, dass der Mensch sie fühle, auch wenn er sie nicht wahrnehme. So ist die gesellschaftliche Tabuisierung der spirituellen Dimension die Ursache für viele Krankheiten und eine unnötige Destruktivität als Folgen des nicht befriedigten und nagenden inneren geistigen Hungers.

Umso erfreulicher ist die Tatsache, dass Spiritualität langsam in verschiedene gesellschaftliche Bereiche Einzug hält. Sie ist jedoch noch nicht kulturell präsent. „Kulturell präsent“ ist – nach einer Definition der Psychoanalytikerin Karen Horney (1885–1952) – etwas dann, wenn es jemandem peinlich sein muss, wenn er darüber nicht wenigstens andeutungsweise Bescheid weiß. So war es mit dem Thema „Ökologie“ in den frühen 1980er Jahren, Kaum jemand befasste sich damit, und die es taten, wurden als „Müsli-Esser“ und Spinner verlacht. Aber plötzlich gab es so etwas wie eine geistige Explosion: Jeder sprach über ökologische Dinge wie Mülltrennung, Recycling, biologische Landwirtschaft, alternative Stromerzeugung und vieles andere. Jetzt war das Thema „Ökologie“ kulturell präsent, gesellschaftsfähig und alltagstauglich.

Was Spiritualität anbelangt, steht uns das noch bevor, und es wird nicht mehr allzu lange dauern, bis es so weit ist. Es ist zu begrüßen, dass das vorliegende Buch des spirituellen Forschers Karl Georg Breit einen Bogen von der Astrologie über die Psychologie bis hin zur Spiritualität schlägt. So wird *Heilen der Seele* mit dazu beitragen, dass Spiritualität in der Mitte der Gesellschaft ankommt und kulturell präsent wird. Dieses Werk ist das Ergebnis jahrelanger intensiver Arbeit und Forschung des Autors.

Wenn wir von Spiritualität sprechen, sollten zwei Bereiche unterschieden werden: zum einen das Streben des Menschen nach Transzendenz - nach der Beantwortung der ewig gleichen Frage: „Wer bin ich?", also nach der alten sokratischen Aufforderung: „Erkenne dich selbst" - und zum anderen das Bedürfnis nach der Erfahrung wirklichen Eins-Seins und wirklicher Erfüllung. Auf der Reise führt der Weg nach innen in immer tiefere Schichten, wo keine Bilder, keine Konzepte, keine Gedanken und auch keine Philosophie mehr hineinreichen. Dahin, wo die Sinne schweigen und Unendlichkeit erfahren wird. Das ist „transzendente Spiritualität".

Darüber hinaus hat der Mensch das Bedürfnis nach Verbundenheit und Verantwortung für das Ganze sowie danach, einen Blick über die Begrenztheit seines körperlichen Lebens hinaus zu werfen. Verbundenheit gibt es nicht nur mit den anderen Menschen und der ganzen Menschheit, sondern auch mit allen lebenden Wesen und dem ganzen Kosmos, getragen von dem Bedürfnis, im Einklang zu sein mit sich, den anderen und dem großen Ganzen. Das ist „immanente Spiritualität".

Dazu gehören auch viele Themen der Psychologie, Fragen nach unserem Sosein, nach unserer Persönlichkeit und Fragen nach unserer Bestimmung und Lebensaufgabe. Mit solchen Fragen befasst sich traditionell auch die Astrologie. Besonders spannend erscheint dabei im vorliegenden Buch die Verbindung von psychologischen und astrologischen Erkenntnissen. Dies ist ein wichtiger Beitrag dazu, astrologische Entdeckungen für die

Persönlichkeitsentwicklung nutzbar zu machen. Das astrologische Wissen kann dadurch nur gewinnen. So wird *Heilen der Seele* interessierte Leser bereichern.

In der Verbindung von astrologischem, psychologischem und spirituellem Wissen wird hier Pionierarbeit geleistet. Damit gibt es viele Gründe, der vorliegenden Arbeit Beachtung zu wünschen.

Im August 2012
Christian Meyer
Spiritueller Lehrer und Psychotherapeut

Einführung

Der Mensch sucht seit jeher Wege zum Glücklichsein. Anfang des 21. Jahrhunderts ist er in seiner Entwicklung nach Tausenden von Jahren an einem besonderen Punkt angekommen. In der heutigen Zeit steht ihm im äußeren, im materiellen Bereich, vieles zur Verfügung, was ihn glücklich machen könnte. Warum ist es aber nicht möglich, diesen Zustand des Glücks dauerhaft zu erleben? „Wahres Glück kommt von innen", heißt es. Ist Spiritualität oder die Reise nach innen der Schlüssel zum Glück?

Spirituelle Erfahrungen haben schon immer die Entwicklung des Menschen begleitet. Das zeigen die beiden großen Weltreligionen – der Buddhismus und das Christentum. Der historische Buddha Siddhartha Gautama saß 49 Tage in Meditation unter einem Bodhibaum und wurde erleuchtet. Seine Erfahrungen begründeten vor etwa 2500 Jahren eine Weltreligion – die mehr einer Weltanschauung entspricht – von vielen Menschen jedoch als Religion praktiziert wird. Wenn wir in der christlichen Lehre den Worten des spirituellen Lehrers Jesus von Nazareth nachspüren, wird uns klar, dass seine tiefen Erkenntnisse Spiritualität grundlegend beinhalten. Er sagte: „Das Reich Gottes ist mitten unter euch" (Lukas 17,20–21).

Die im Mittelalter lebenden christlichen Mystiker Meister Eckhart (um 1260–1328) und sein Schüler Johannes Tauler (um 1300–1361) vermittelten ebenfalls tiefe Erkenntnisse aus ihrer spirituellen Erfahrung. In der ersten Hälfte des 20. Jahrhunderts war es besonders der indische Lehrer Ramana Maharshi (1879–1950), der ein einfaches Wissen über Spiritualität lehrte. So ist er für viele der größte Weise der Neuzeit. In der Tradition seiner Lehre erwachten viele spirituelle Lehrer in Ost und West. In den vergangenen zwanzig Jahren scheint der Zugang zur Weisheit leichter möglich zu sein und das spirituelle Wissen verbreitet sich immer schneller. Diesen Prozess will *Heilen der Seele* unterstützen.

Der Leser erhält Einblicke in die Spirituell-Astrologische Psychologie, die anzeigt, dass bestimmte Charakterzüge und die spirituellen Anlagen jedes Menschen in seinem Kosmogramm in verhältnismäßig kurzer Zeit ablesbar sind. Im vorliegenden Buch wird das anhand von mehr als fünfzig Horoskopbeispielen bekannter Persönlichkeiten dargestellt, die oft geistig und künstlerisch wirken. (Alle Horoskope finden Sie im Anhang unter „Die Horoskope in alphabetischer Reihenfolge“, Seite 165 ff.) Durch die Synthese von astrologischem Wissen und Spiritualität erhält jeder Interessierte die Möglichkeit, sich im Innersten seines Wesens zu erkennen. Gleichzeitig wird ein seelischer Heilungsprozess angestoßen.

Die Grundlage von *Heilen der Seele* baut auf dem Wissen der Astrologischen Psychologie von Bruno Huber (1930–1999)* auf. Sein Werk beruht auf der ganzheitlichen und bereits spirituell ausgerichteten Psychosynthese des Psychiaters Roberto Assagioli (1888–1974). Huber forschte anhand von tausend Fallgeschichten und seine Bücher wurden in viele Sprachen übersetzt. So wurde die Astrologische Psychologie bereits in der zweiten Hälfte des 20. Jahrhunderts weltbekannt.

Die Spirituell-Astrologische Psychologie geht von einem im Kern seines Wesens gesunden Menschen aus. Krankheiten sind Störungen, die den reinen inneren Wesenskern des Menschen verdecken. Diese Sicht ist dem üblichen Krankheitsverständnis der meisten psychologischen und astrologischen Richtungen sowie der Schulmedizin vollkommen entgegengesetzt. Die hier dargestellte Methode beinhaltet eine ganzheitliche Annäherung an die Pro-bleme des Menschen. Mit der Entscheidung für einen inneren Entwicklungsprozess verändern sich bisherige Einstellungen sowie Denk- und Verhaltensmuster.

Die Spirituell-Astrologische Psychologie stellt als Diagnose- und Deutungssystem sowie als Werkzeug zur Selbstentwicklung

* Literaturempfehlungen zu den genannten Autoren finden Sie unter gleich lautender Überschrift im Anhang des Buches, Seite 220 f.

eine wertvolle Methode dar. Ihre Integration in die Psychologie fördert die Selbstentfaltung des Menschen. Die sich daraus ergebenden Entwicklungs- und Heilungsmöglichkeiten des Menschen wirken in alle Bereiche der Medizin, der Psychotherapie und des Coachings hinein. Durch verkürzte Behandlungszeiten können Heilungsprozesse beschleunigt werden. Wer das Zusammenspiel von geistigen Anlagen im Kosmogramm und spiritueller Entwicklung erkennt, dem ist es möglich, sich unnötige Umwege und viel Leid zu ersparen. Das Verfahren kann nutzbringend eingesetzt werden, um die in unserer Zeit verbreitet auftretenden Leiden wie Burn-out, Depression sowie spirituelle Krisen rechtzeitig zu erkennen und den Weg der Heilung zu gehen.

In Teil I von *Heilen der Seele* werden die Grundlagen der Spirituellen Psychologie erläutert. Die astrologisch-psychologischen Grundlagen werden vor allem in dem Kapitel „Die fünf Ebenen im Horoskop“ in Teil II beschrieben. In Teil III wird auf die – besonders durch die Energielinien gegebene – Dynamik im Horoskop eingegangen. Teil IV – das Herzstück des Buches – umfasst 22 Punkte und weist erstmalig auf den Zusammenhang zwischen astrologischen Anlagen und spirituellen Entwicklungsmöglichkeiten hin. Ausführliche Beispiele in Teil V, die die außergewöhnlichen Anlagen von Pionieren einer Neuen Zeit wie Ramana Maharshi, Willigis Jäger, Bruno Huber, Wolfgang Amadeus Mozart, Albert Einstein, Hermann Hesse und Elisabeth Kübler-Ross beleuchten, runden das Buch ab und machen es zu einem gut gegliederten Lehr- und Nachschlagewerk, das sich auch zum Selbststudium eignet.

Am Ende von Teil IV finden Sie meine Anlagen im Horoskop auf Ereignisse in meinem Leben bezogen. Die bewusste Auseinandersetzung mit einer großen Krise, die mich dem Tod ins Auge blicken ließ, heilte eine chronische Borreliose vollkommen aus. Als Dank will ich das Wissen, das mir geholfen hat, wieder gesund zu werden, in *Heilen der Seele* weitergeben.

Kapitel 1

Lebendige Spiritualität

Eine kurze Zeitreise durch die Welt der spirituellen Lehrer und Weisen

Der Mensch wird wahrscheinlich nach innerem Glück streben, solange er sich auf diesem Planeten befindet. Sicherlich könnte aber die Suche nach Bewusstheit und Erwachen vor 10.000 Jahren mit der Überwindung des Hordenbewusstseins eine größere Bedeutung erhalten haben. Bereits vor 4000 bis 5000 Jahren entstanden die heiligen indischen Schriften. Genau wissen wir, dass der Buddha vor 2500 Jahren erwachte und der Buddhismus sich seither immer weiter ausbreitete. So konnte sich das Wissen um die innere Wahrheit des Menschen entwickeln. Auch wenn sich der Mensch in äußere Umstände verstrickte, war und ist sein tiefes inneres Verlangen, glücklich zu sein, allgegenwärtig. Über die Jahrtausende sind die Sehnsucht und die Suche nach der inneren Wahrheit immer lebendig geblieben.

Als der spirituelle Lehrer Jesus auf Erden erschien, war das in diesem Zusammenhang wahrscheinlich eines der größten Ereignisse der Weltgeschichte und bestimmte den Beginn unserer christlichen, neuen Zeitrechnung. Die bis dahin vor allem im Osten vorherrschende spirituelle Entwicklung erfasste mit dem Auftreten des Christentums auch den westlichen Teil der damals bekannten Welt. Gleichermaßen entwickelten sich in der Folge die Systeme des Buddhismus sowie des Christentums weiter. Auch wenn die Menschen dabei in den äußeren Strukturen gefangen waren, so ist der innere wahre Kern des Menschen, der sich immer wieder zeigen will, doch der gleiche geblieben. So zogen die Wüstenväter der Länder am östlichen Mittelmeer im 3. und 4. Jahrhundert n. Chr. auf der Suche nach der inneren Wahrheit und um das Einssein mit Gott zu erleben aus den Städten hinaus in die Einsamkeit der Wüste.

Im 14. Jahrhundert wirkten im Westen besonders die Mystiker Meister Eckart (um 1260–1328) und sein Schüler Johannes Tauler (um 1300–1361). Ihre Lehren stellen vermutlich den Höhepunkt der christlichen Mystik dar. Eine tiefgründige Aussage von Meister Eckart ist, wer nichts habe (also keine eigene Geschichte, keine eigene Identität), nichts wolle (wenn also der eigene Wille und die eigenen Wünsche verschwunden sind) und nichts wisse (keine Erwartungen und keine Bilder von sich selbst und Gott), könne in die Freude des Herrn eingehen (damaliger Sprachgebrauch für das Erwachen), noch ehe seine Predigt zu Ende sei. Johannes Tauler kannte bereits das Sich-fallen-Lassen in den inneren Abgrund jenseits aller Bilder, Vorstellungen und sinnlichen Erfahrungen. Er sagte, dass alle Gefühle und besonders Angst hochkämen, wenn es denn recht zugehe, um immer tiefer durch das Fallen in den Abgrund aufzusteigen. So zeigen die beiden großen Mystiker des späten Mittelalters sehr praktisch und zugleich doch auch schon modern das Abenteuer der inneren Entwicklung mit dem Hineinfallen in den „grundlosen Grund“ und können als zeitlos gültig betrachtet werden.

Ramana Maharshi (1879–1950) war der bedeutendste indische Weise der Neuzeit. Seine Lehre lässt sich in einem einfachen Satz ausdrücken: *Sei still.* Sie hat eine so große revolutionäre Sprengkraft wie wahrscheinlich keine andere spirituelle Methode davor. Die Lehre der Nichtdualität (*Advaita*) ist die Grundlage seiner Lehre. Sie besagt: In Wirklichkeit gibt es keine Trennung, denn das Selbst und das Göttliche oder Absolute sind eins. Jeder Mensch kann das erfahren, wenn er sich ernsthaft auf die Suche begibt.

Es scheint, dass Ramana Maharshi eine besondere Rolle einnimmt, wenn es um die Suche nach der inneren Weisheit geht, denn er hat bereits mit sechzehn Jahren zum Selbst gefunden. Er ist erwacht ohne jedes spirituelle Wissen. An einem Nachmittag machte er eine sonderbare Erfahrung: Es schien ihm, als müsse er sterben. Er legte sich dann in vollkommen wachem Bewusstsein auf den Boden und wollte genau wissen, was nun mit ihm passieren würde. In diesem außergewöhnlichen Zustand ließ er alles los und gab sich dem Tod hin. Er schloss mit seinem Leben ab und hatte keine Erwartungen mehr an die Zukunft. Auf diese Weise gelangte er in Einklang mit der Vergangenheit. Er nahm die gegenwärtige Situation vollkommen an. Durch dieses vollständige Loslassen erwachte er unmittelbar. Das zeigt, dass Erwachen in unserer Zeit sofort geschehen kann und keine Hunderte von Inkarnationen nötig sind.

Ramana Maharshis ganzes Leben ist von intensivem innerem Erleben geprägt. Nach einer längeren Zeit des Schweigens gründete er am heiligen Berg Arunachala in Südindien einen Ashram. Immer mehr Menschen strömten dorthin und wollten in seiner Nähe sein. Ramana sagte: „Hört auf zu meditieren und nehmt stattdessen den ganzen Tag lang alle Gefühle wahr, ohne etwas mit ihnen zu machen.“ Während die westliche Psychologie etwas mit unseren Gefühlen tun will, ist seine einfache Aussage: „Sei still und schau, was in dir geschieht.“ So dürfen alle Gefühle hochkommen und lösen sich dann auf. Der Mensch bleibt dabei still und hält inne. Ramana Maharshis einmalig einfache und dadurch revolutionäre Lehre besteht aus dem Satz: „Sei still und halte an." Er sagte auch: „Sei still und finde heraus, was deine wahre Natur ist. Beschreite dabei nicht den intellektuellen Weg, sondern gehe den Weg der inneren Erfahrung." Seine einfache und klare Aussage ließ viele Suchende aus dem Westen den Weg in seinen Ashram finden und sein Wissen verbreitete sich auf diese Weise auf der ganzen Welt.

Im 20. Jahrhundert lebte der indische Weise und spirituelle Lehrer Jiddu Krishnamurti (1895–1986) in den USA. Auch von ihm fühlten sich Tausende von Menschen angezogen. Und Osho (1931–1990) verstand es, östliches Wissen und westliche Psychologie zu verbinden, was Hunderttausende Menschen bewog, Sannyas bei ihm zu nehmen. Bei den beiden letztgenannten Lehrern erwachten Menschen eher selten.

Anfang der 1990er Jahre jedoch geschah etwas Besonderes: H.W.L. Poonjaji (1910–1997), der bedeutendste Nachfolger von Ramana Maharshi, lehrte dessen Methode der Selbstverwirklichung. Zu ihm kamen viele Menschen. Darunter waren auch mehrere von Oshos früheren Schülern aus Poona, die einen neuen spirituellen Lehrer suchten, weil ihr Meister verstorben war. Innerhalb weniger Jahre fanden bei Poonjaji nun so viele Menschen zum Selbst wie wahrscheinlich niemals zuvor. Seit dieser Zeit scheint sich das Erwachen immer schneller zu verbreiten.

Es mag wohl so sein, dass es in den letzten zwanzig Jahren leichter geworden ist, zu erwachen. Dabei geht es darum, die tiefe innere Wirklichkeit des Menschen zu erkennen. Im Westen hat sich mit der Transpersonalen Psychologie ein anderer Weg der inneren Entwicklung aufgetan, der die spirituelle Entwicklung befruchten kann, was in einigen Punkten auch im umgekehrten Sinne gilt.

Die wichtigsten Schüler von Poonjaji sind im Westen Gangaji

(geboren 1942) und Eli Jaxon-Bear (geboren 1947). Eli Jaxon-Bear widmete sich insbesondere der Arbeit mit dem Enneagramm, das für die spirituelle Entwicklung sehr hilfreich sein kann. Darüber hinaus ist es ihm gelungen, den Weg nach innen als Pfad der unmittelbaren Erfahrung und Hingabe genau darzustellen. Dieser Weg führt den Menschen – jenseits der östlichen Meditation, in der man nur Beobachter ist, und jenseits der westlichen Methode des Bearbeitens und Ausagierens – zum tiefen tragenden Grund.

In der Linie von Ramana Maharshi wird Christian Meyer (geboren 1952) immer bekannter. Seine außergewöhnlichen psychologischen und spirituellen Kenntnisse ermöglichen es ihm, die Grundlagen des Erwachens klar darzustellen und zu vermitteln. Seiner Arbeit liegen die Erkenntnisse seines Lehrers Eli Jaxon-Bear und eigene Forschungen zugrunde. Weiter nimmt er Elemente aus der Psychotherapie hinzu, die eine innere Haltung des Loslassens und Nichtstuns erleichtern können. In den Gruppen von Christian Meyer konnten innerhalb der kurzen Zeit seines Wirkens bereits Dutzende von Menschen erwachen. Seine Klarheit und seine Hingabe können in unserer Zeit dazu beitragen, dass die Spiritualität in der Gesellschaft ankommt.

Spiritualität liegt jenseits von Therapie

Spiritualität bekommt in neuester Zeit eine immer größere Bedeutung. Wolfgang Schmidbauer, einer der bekanntesten deutschsprachigen Psychoanalytiker und Autoren, zitierte auf seiner Webseite die Aussage einer Ärztin aus einem seiner Seminare: „Ich sage es Ihnen ganz ernsthaft, denken Sie darüber nach: In zwanzig Jahren wird es nur noch spirituelle Therapie geben, keine Psychotherapie mehr."

Psychotherapie und Spiritualität sind zwei unterschiedliche Wege der Entwicklung: So hat die Psychotherapie das Ziel, Probleme auf der Symptom-Ebene zu lösen, indem sie das Selbstbewusstsein stärkt und die Selbstliebe aktiviert und auf diese Weise die Selbstverwirklichung des Menschen fördert. Die spirituellen Wege hingegen wollen uns zum Selbst führen und Erwachen ermöglichen.

Oft wurden diese beiden Ziele vermischt in der Meinung, dass sie beide im Grunde das Gleiche seien. Doch der Weg zum Selbst oder das Erwachen gehen weit über das hinaus, was die Psychotherapie erreichen will. Die spirituelle Entwicklung beginnt erst jenseits der Psychotherapie, und zwar indem das Ich transzendiert, das Bewusstsein vollkommen transformiert wird. Dabei ist der Verstand still und jegliches Denken wie: „Werde ich anerkannt? Werde ich geliebt? Wird es mir gut gehen?“, wird angehalten, während das praktische Denken bei Bedarf zur Verfügung steht. Wenn wir annehmen, was ist, ist der Kampf, den wir bis zum jetzigen Zeitpunkt geführt haben, zu Ende. Wir sind unser Leben lang vor tiefen Gefühlen davongelaufen oder haben diese verdrängt. Halten wir an und geben uns vollkommen den Gefühlen hin, können wir zu unserer wahren Natur zurückfinden.

Dieser Weg beinhaltet, dass wir den Widerstand aufgeben – dass wir nichts tun und still sind –, das heißt, dass wir den gegenwärtigen Augenblick annehmen, so wie er sich uns zeigt. Die Mystiker nannten das, was dann geschieht, den „mystischen Tod“, der uns in die Freiheit führt. Die Erfahrung dieses Zustandes liegt jenseits der Welt der Sinne und des Intellekts. Gefühle werden stärker erlebt, wenn der Atem schneller geht. Im Gegensatz dazu nimmt die Erfahrung der tiefen Stille und des Glücks zu, während der Atem langsamer ist.

In der Psychotherapie werden die verschiedenen Arten von Gefühlen – wie etwa in der Körper- und in der Gestalttherapie – im Innen in Form von Gedanken und Bildern er-innert, erneut durchlebt und ausagiert. Bei den verschiedenen Wegen der Meditation aus dem Osten werden dagegen die Gefühle nur beobachtet, nicht gefühlt. In diesem Fall führt Meditieren weg vom lebendigen Erleben. Das kann zu einer Dissoziation von den Gefühlen führen. Osho hat dieses große Problem erkannt. Aber das von ihm entwickelte Nebeneinander von Therapie und Meditation war auch nicht hilfreich, weil das Fühlen und das Innehalten nicht unmittelbar im Hier-und-Jetzt erfolgten.

Der neue Weg, mit Gefühlen und tieferen Erfahrungen umzugehen, besteht nach Christian Meyer und Eli Jaxon-Bear darin, dem Gefühl Raum zu geben, vollständig zu fühlen, ohne etwas damit zu machen. Diese Methode führt dazu, dass jedes Gefühl innerhalb von kurzer Zeit „verbrennt", sich gleichsam auslöscht. Ist ein Gefühl aufgelöst, so ist es wichtig, auf dieser tieferen Gefühls- und Erfahrungs-Ebene zu bleiben und wahrzunehmen, welches Gefühl nun vielleicht noch aufsteigen will oder wie die Erfahrung von Stille und Frieden ist, die unter dem Gefühl liegt. Die Existenzialisten haben einige dieser Zusammenhänge bereits gekannt. Doch sie ahnten nicht, dass darunter ein noch tieferer Grund zu finden ist – ein „unendlich tiefer göttlicher Grund", wie ihn der bereits genannte Mystiker Johannes Tauler schon im 14. Jahrhundert beschrieben hat.

Diese Gefühlsarbeit ist einmalig in der Psychotherapie und macht es möglich, Schicht für Schicht tiefer zu uns selbst zu finden und zu erkennen, dass wir Unendlichkeit und Frieden selbst sind. Oft ist dieser Prozess auch mit dem Gefühl verbunden, immer tiefer zu fallen. Werden diese Unendlichkeit, der Frieden und die bedingungslose Liebe erlebt, dann spricht man von „Erwachen". Danach beginnt eine Integration der Erfahrung des tiefen Weges zum Selbst, die einige Jahre dauern kann.

Auf dem Weg zum Selbst kann mit psychotherapeutischer Arbeit viel erreicht werden: Sie mag es ermöglichen, den Zugang zu den existenziellen Gefühlen zu finden, sodass der Körper durchlässig werden kann, wobei sich Blockierungen lösen und der Atem frei wird. Wichtig ist es außerdem, sich mit der Vergangenheit zu versöhnen, damit die gesamte Energie für die Gegenwart im Hier und Jetzt verfügbar ist.

Dieses Wissen ist für Menschen, die an tiefer Spiritualität interessiert sind, ebenso wichtig wie für solche, die psychotherapeutisch arbeiten und sich weiterbilden möchten. Die Erkenntnisse, auf denen *Heilen der Seele* gründet, basieren auf eigenen Erfahrungen sowie auf den Forschungsergebnissen von Christian Meyer in der Linie von Eli Jaxon-Bear, H.W.L. Poonjaji und Ramana Maharshi.

Kapitel 2

Astrologische Grundlagen

Das Radix- oder Geburtshoroskop kann als Spiegelbild des gesamten Menschen betrachtet werden. Für astrologisch interessierte Menschen sowie für Psychotherapeuten ist es somit ein hervorragendes Instrument, das es ermöglicht, die individuellen Probleme des Menschen in einem größeren Kontext zu erfassen. Die gekonnte Interpretation eines Horoskops mag dazu beitragen, die Richtung zu weisen und einen Heilungsprozess zu initiieren. Im folgenden Abschnitt werden die Grundlagen der Spirituell-Astrologischen Psychologie dargestellt und erläutert.

Die vier Quadranten

Die Verteilung der Planeten auf der rechten und der linken Seite sowie in der oberen und der unteren Hälfte ist die Grundlage einer spirituell-astrologischen Deutung. Die linke Hälfte stellt den Ich-Bereich dar, in den der Mensch sich immer wieder zurückziehen kann, während der Du-Bereich auf der rechten Hälfte Kontaktmöglichkeiten mit anderen Personen und der

Die Zeichen

Symbol	Name	Kreuz	Temperament	Herrscher	Funktion
♈	Widder	kardinal	Feuer	Mars	mutig, direkt
♉	Stier	fix	Erde	Venus	ausdauernd
♊	Zwillinge	veränderlich	Luft	Merkur	mitteilsam
♋	Krebs	kardinal	Wasser	Mond	einfühlend
♌	Löwe	fix	Feuer	Sonne	will begeistern
♍	Jungfrau	veränderlich	Erde	Merkur	bescheiden, fleißig
♎	Waage	kardinal	Luft	Venus	diplomatisch
♏	Skorpion	fix	Wasser	Mars/Pluto	tiefgründig, treu
♐	Schütze	veränderlich	Feuer	Jupiter	geistig rege
♑	Steinbock	kardinal	Erde	Saturn	selbstständig
♒	Wassermann	fix	Luft	Saturn/Uranus	originell
♓	Fische	veränderlich	Wasser	Jupiter/Neptun	einfühlend

Die Planeten

Symbol	Name	Motivation	Energie	Funktion
☉	Sonne	kardinal	männlich	Denk-Ich, Souveränität, Selbstbewusstsein
☽	Mond	veränderlich	neutral	Gefühls-Ich, Offenheit, Liebesfähigkeit
♄	Saturn	fix	weiblich	Körperliches Ich, Sicherheit, Grenzen
☿	Merkur	veränderlich	neutral	Sprache, Logik, geistige Brillanz
♀	Venus	fix	weiblich	Ästhetik, Schönheit, Hingabe, Perfektion
♂	Mars	kardinal	männlich	Leistungskraft, Mut, Engagement
♃	Jupiter	veränderlich	neutral	Urteilsvermögen, Sinnfindung, Gerechtigkeit
⛢	Uranus	fix	weiblich	Schöpferische Intelligenz, Intuition, Forschergeist
♆	Neptun	veränderlich	neutral	Bedingungslose Liebe, Glückseligkeit, Helferwille
♇	Pluto	kardinal	männlich	Transformation, Synthese, geistiger Wille, Absolutheit
☊	Mondknoten	Korrekturpunkt	neutral	Erster Schritt, Wegweiser für die Entwicklung

Abbildung 1: Zeichen und Planeten

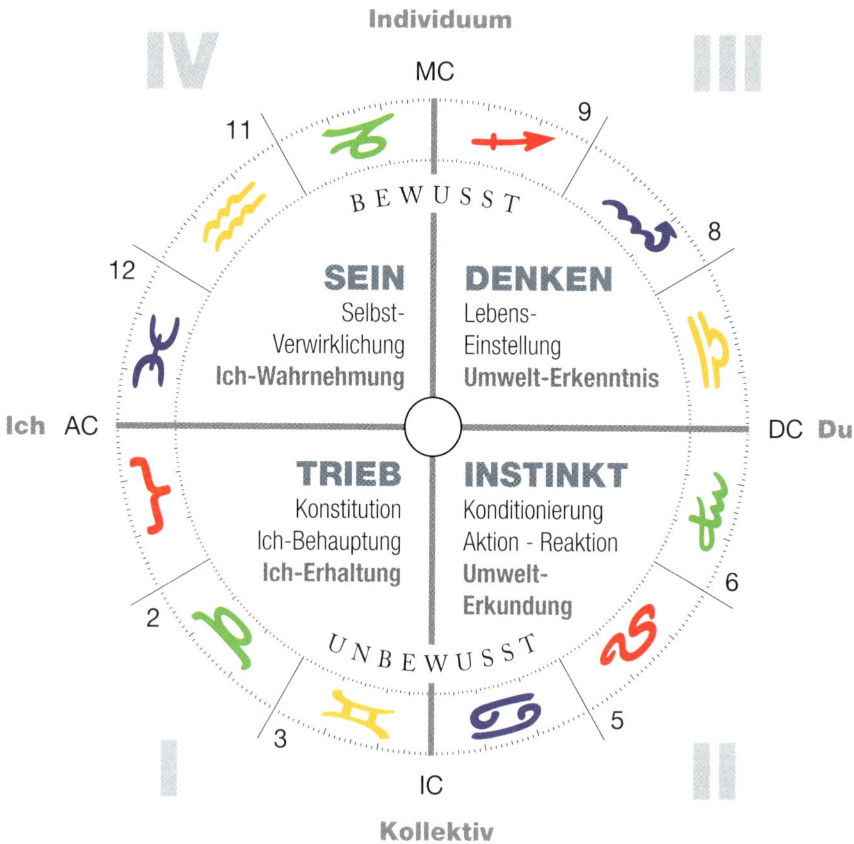

AC = Aszendent; DC = Deszendent
IC = Imum Coeli; MC = Medium Coeli

Abbildung 2: Die vier Quadranten

Außenwelt ermöglicht. Ein gutes Beispiel bieten die zwei Präsidenten der USA: Während sich George W. Bush (zehn Planeten auf der linken Ich-Seite) oft auf seine Ranch zurückzog und nur selten Staatsbesuche unternahm, geht Barack Obama mit acht Planeten auf der rechten Du-Seite offen auf andere Menschen zu und befindet sich häufig auf Reisen.

Eine Betrachtung der Planeten im oberen, bewussten und im unteren, unbewussten Bereich zeigt die Grundanlagen eines Menschen auf. Während der Mensch mit vielen Planeten im unteren Bereich eher die Gemeinschaft mit anderen sucht, strebt derjenige mit einer Häufung von Planeten im oberen Bereich nach Individuation und Selbstentwicklung. So hat zum Beispiel Elisabeth Kübler-Ross acht Planeten im unteren, kollektiven Raum. Sie kam bei ihren Nahtodforschungen und als Ärztin in Kontakt mit vielen Menschen, während Albert Einstein mit acht Planeten im oberen, bewussten Bereich viel Zeit mit individueller Forschungsarbeit verbrachte.

Die Einteilung in vier Quadranten lässt weitere Aussagen zu: Die zwei kardinalen Hauptachsen AC–DC und IC–MC lassen vier Bereiche im Horoskop entstehen (siehe Abbildung 2, linke Seite). Die Verteilung der Planeten in diesen vier Quadranten gibt eine erste Grundorientierung im Kosmogramm. Die Quadranten ermöglichen eine Aussage im Hinblick auf die Hauptthemen im Leben eines Menschen mit

- seinen Trieben (1. Quadrant) und
- Instinkten (2. Quadrant)
- sowie seinem Denken (3. Quadrant) und
- seinem Sein (4. Quadrant).

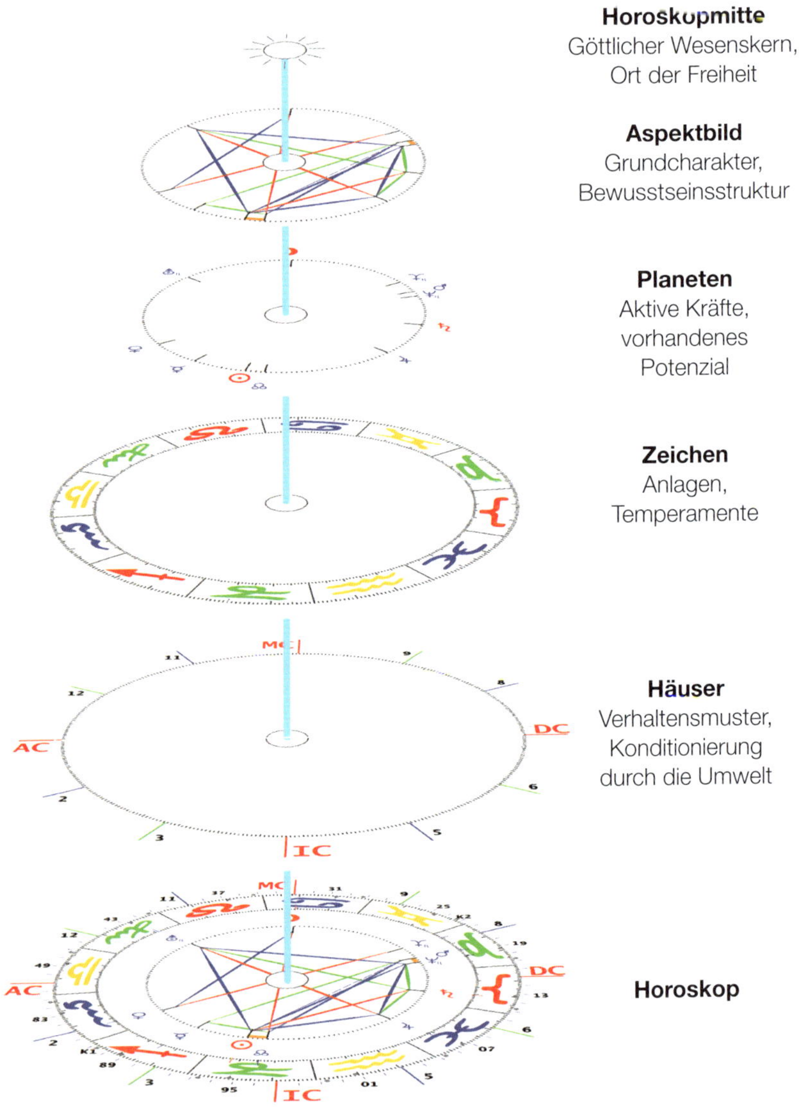

Abbildung 3: Die fünf Ebenen im Horoskop

Die fünf Ebenen im Horoskop

Die im Folgenden beschriebenen Grundelemente des Kosmogramms finden sich bereits in den Schriften von Claudius Ptolemäus (um 90–160 n. Chr.), des Meisters der alexandrinischen Schule. Mit diesen Elementen lässt sich das Geburtshoroskop als ein dynamisches Stufenmodell darstellen, dessen Mittelpunkt für unseren spirituellen Wesenskern steht.

Die Grundelemente des Horoskops zeigen einen hierarchischen Aufbau in fünf Ebenen, wobei die Elemente, die eine ähnliche Bedeutung und Funktion haben, auf einer Ebene zusammengefasst werden. Diese Darstellung in einem gegliederten Stufensystem ordnet die einzelnen Bereiche des Horoskops. Die fünf Ebenen schaffen im Kosmogramm eine klare Struktur und erlauben eine tiefer gehende Deutung, die viele Psychologen bisher vermisst haben. Das Kosmogramm offenbart über die fünf Ebenen – von innen nach außen gedeutet – die inneren Anlagen des Menschen und deren Verwirklichung in seiner Umwelt. So kann der Mensch seinen Lebensplan klar erkennen und verwirklichen (siehe Abbildung 3, linke Seite).

1. Ebene: Der göttliche Wesenskern

In der astrologischen Symbolik beschreiten wir den Weg von innen nach außen, das heißt, wir gehen von einer Betrachtung des Ganzen zum Detail. Hierbei stellt der Mensch eine Ganzheit dar, die er niemals verlassen hat und die er jetzt wiedererkennen kann. Der Mittelpunkt des Kreises in der Darstellung des Horoskops entspricht unserem Wesenskern, der unsterblichen Seele oder dem göttlichen Funken in uns. C.G. Jung hat dafür den Begriff des Selbst geprägt.

Wenn wir unseren innersten göttlichen Wesenskern wiederentdecken, schwinden die Strukturen des Ego in den äußeren Ebenen. Indem wir loslassen, lösen sich Wut, Angst und Schmerz mehr und mehr auf. Das Kosmogramm kann als ein persönliches Mandala betrachtet werden. C.G. Jung beschreibt das Mandala als eine

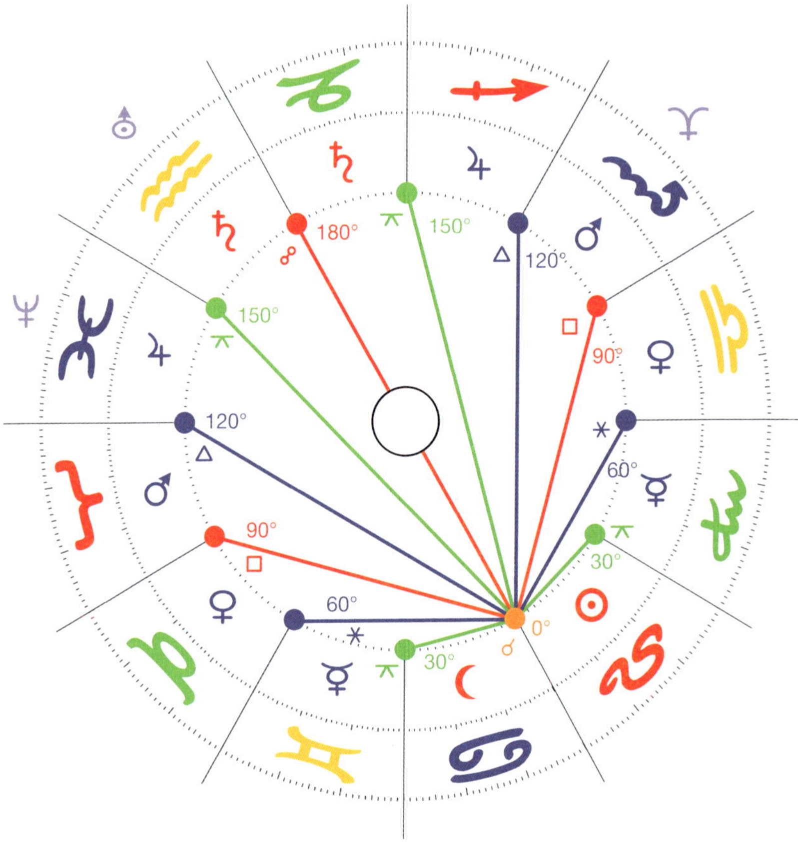

Abbildung 4: Die Aspekte

Grundform der menschlichen Psyche. Im Mittelpunkt des eigenen Mandalas – also in der Horoskopmitte – zu sein heißt, aus dem Herzen heraus mit der allumfassenden göttlichen Liebe zu leben. Das geeignete Mittel, um dorthin zu gelangen, ist das Sich-nach-innen-Wenden in Stille.

2. Ebene: Das revolutionäre Aspektbild

Das Aspektbild als Bewusstseinsstruktur ist in der astrologischen Symbolik neu und für die spirituelle Entwicklung von großer Bedeutung. Es ermöglicht es, den Grundcharakter eines Menschen mit seiner Lebensmotivation und seinen Grundbedürfnissen auf einen Blick zu erfassen, und kann deshalb mit seinem persönlichen Fingerabdruck, dem individuellen DNA-Code, verglichen werden.

Das Aspektbild, in Verbindung mit den anderen Elementen im Horoskop, gibt uns alles an die Hand, was wir brauchen, um die tiefe innere Struktur des Menschen so detailliert darzustellen, wie es wahrscheinlich in keinem anderen bekannten psychologischen Diagnose- und Deutungssystem möglich ist. Erfahrungen von Therapeuten, die die spirituell-astrologische Symbolik in ihre Therapien mit einbeziehen, zeigen, dass auf diese Weise intensive Entwicklungsprozesse gezielter erfasst und begleitet werden können. Und das gibt den betreffenden Menschen die Chance, zu erfahren, wie sie in ihrem Innersten funktionieren.

Die Aspektfarben

Rote Aspekte sind leistungs-, blaue harmonieorientiert und grüne informativ ausgerichtet (siehe Abbildung 4, linke Seite).

- Trigone (120 Grad) und Sextile (60 Grad): Blau
- Quadrate (90 Grad) und Oppositionen (180 Grad): Rot
- Halbsextile (30 Grad) und Quincunxe (150 Grad): Grün
- Konjunktionen (0 Grad): Orange

Spirituelle Ebene	**Schöpferische Intelligenz** Mutter-Imago	**Universelle Liebe** Kind-Imago		**Geistiger Wille** Vater-Imago
Geistiges Wachstum	⛢	♆		♇
Überbewusster Raum	Intuition Methodik Ideal einer perfekten Welt Ordnen	Empathie Medialität Ideal einer bedingungslosen Liebe Dienen		Vision Transformation Ideal eines vollkommenen Menschen Erschaffen
Persönliche Ebene	**Körper-Bewusstsein** Selbstsicherheit Mutter-Rolle	**Emotionales Bewusstsein** Selbstwertgefühl Kind-Rolle		**Mentales Bewusstsein** Selbstbewusstsein Vater-Rolle
Rollen des Ich, Interessen und Motivationen	♄	☽		☉
Tag-Bewusstsein	Immunität Schließen Heterogen	Sensitivität Öffnen Ambivalent		Vitaliät Wachsen Autonom
Kreatürliche Ebene	**Ästhetik**	**Kombinatorik**	**Sensorik**	**Motorik**
Lebenserhaltende Funktionen	♀	☿	♃	♂
Unbewusstes	Assimilierung Selektion	Formulierung Information	Bewertung Wahrnehmung	Leistung Aktivität
	Frau: Fruchtbarkeit	Mensch: Empfänglichkeit		Mann: Potenz
	weiblich FIX	neutral VERÄNDERLICH		männlich KARDINAL

Abbildung 5: Die Planetentafel

3. Ebene: Die Planeten als Lebens- und Kontaktorgane

Auf der 3. Ebene finden sich die zehn Planeten, die über die Aspekte zueinander mit unserem inneren Wesen in der Horoskopmitte in Verbindung stehen und als dessen Werkzeuge wirken. Die Planeten symbolisieren als beweglichstes Element die aktiven Kräfte auf allen Ebenen, die es uns ermöglichen, unser Potenzial zu verwirklichen, und werden deshalb im Zusammenhang mit dem gesamten Horoskop gedeutet. Mit den Planetenkräften können wir uns in der Welt durchsetzen oder auch anpassen, je nachdem, wie wir uns entscheiden.

Die Planetentafel

Die Planeten zeigen die Fähigkeiten des Menschen auf und sind die Wirkkräfte im Leben. Die Planetentafel stellt die Kräfte der Planeten entsprechend der jahrtausendealten Astrologie klar dar (siehe Abbildung 5, linke Seite):

- *obere Ebene*: Hierzu gehören die *spirituellen Planeten* Uranus, Neptun und Pluto;
- *mittlere Ebene:* Die drei wichtigen *Persönlichkeitsplaneten* Saturn, Mond und Sonne symbolisieren die dreifache Persönlichkeit des Menschen. Wir alle haben einen Körper (Saturn), eine Seele (Mond) und einen Geist (Sonne). Durch die Stellung der Persönlichkeitsplaneten können wir die Konstellation unserer Persönlichkeit erkennen. So weisen eine starke Sonne an der Häuserspitze zum Beispiel auf einen selbstbewussten Typ, ein starker Mond auf einen Gefühlstyp und ein starker Saturn auf einen körperbetonten Typ hin. Wir finden diese Dreiteilung in „Körper – Seele – Geist" in vielen Religionen und Philosophien;
- *untere Ebene:* Sie zeigt die vier *kreatürlichen,* für ein Lebewesen typischen Planeten Venus, Merkur, Jupiter und Mars.

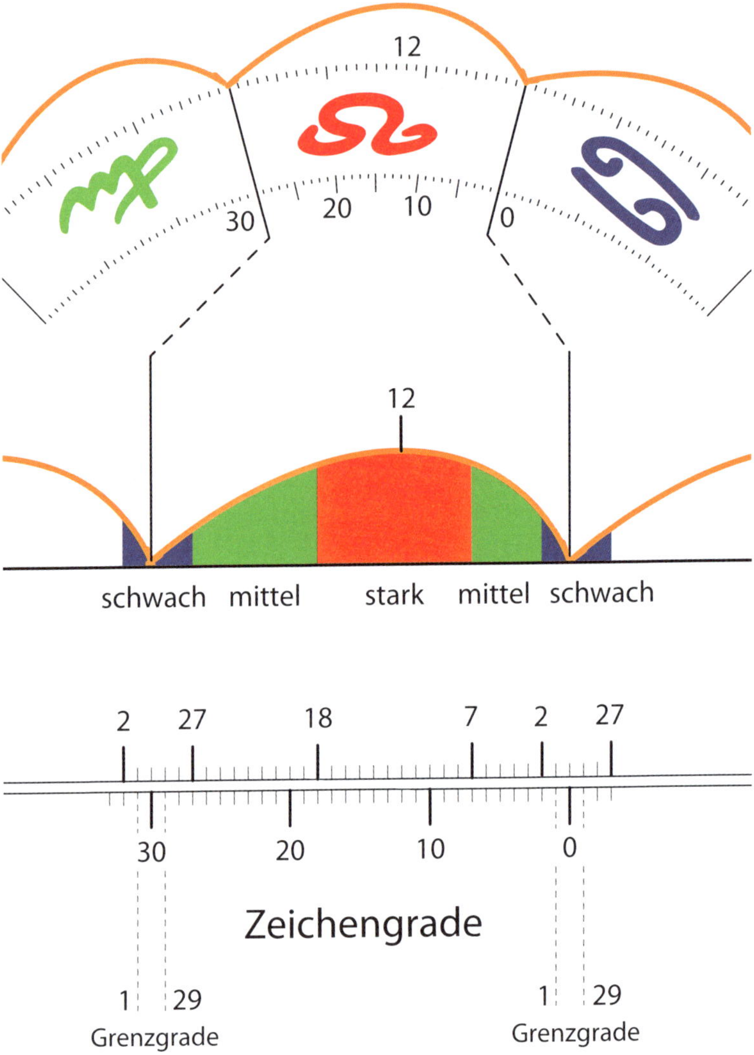

Abbildung 6: Die Intensitätskurve in den Zeichen

In der ersten senkrechten Spalte stehen die fixen, weiblichen Planeten Uranus, Saturn und Venus, in der mittleren die veränderlichen, neutralen Planeten Neptun, Mond, Merkur sowie Jupiter und in der rechten Spalte die kardinalen, zielgerichteten männlichen Planeten Pluto, Sonne und Mars.

4. Ebene: Die Anlage in den Zeichen

Die Zeichen auf der 4. Ebene im Kosmogramm repräsentieren die vererbte und archetypische Prägung des Menschen und bestimmen seine charakterliche Eigenart, sein Temperament. Die Zeichen sind den vier Elementen Feuer, Erde, Luft und Wasser und diese wiederum den drei astrologischen Kreuzen kardinal, fix und veränderlich zuzuordnen. Die Planeten werden sozusagen von den Zeichen, in denen sie stehen, als Energiequellen „genährt" und dann im Leben dem Haus entsprechend eingesetzt. Die Qualität des jeweiligen Zeichens bestimmt unsere individuelle Anlage: wie wir uns ausdrücken, wie wir mit alltäglichen Schwierigkeiten umgehen und unser Leben insgesamt meistern. (In Teil III.2, „Die Intensitätskurve in den Zeichen", Seite 46 ff., können Sie mehr über die Prägung des Menschen nachlesen.)

Die Dynamik in den Zeichen

Eine Energiekurve im Zeichen manifestiert die bei der Geburt mitgebrachte „Ausstattung" der Planeten, die sich dort befinden. Der Energieverlauf im Zeichen ist wie folgt: Ein Planet hat bei 12 Grad eine starke energetische Ausrüstung, während diese zum Zeichenbeginn (0 Grad) und zum Zeichenende (30 Grad) hin auf 0 zurückgeht. Planeten, die an Zeichengrenzen stehen, sind nach innen gerichtet und dienen der spirituellen Entwicklung. (Siehe Abbildung 6, linke Seite)

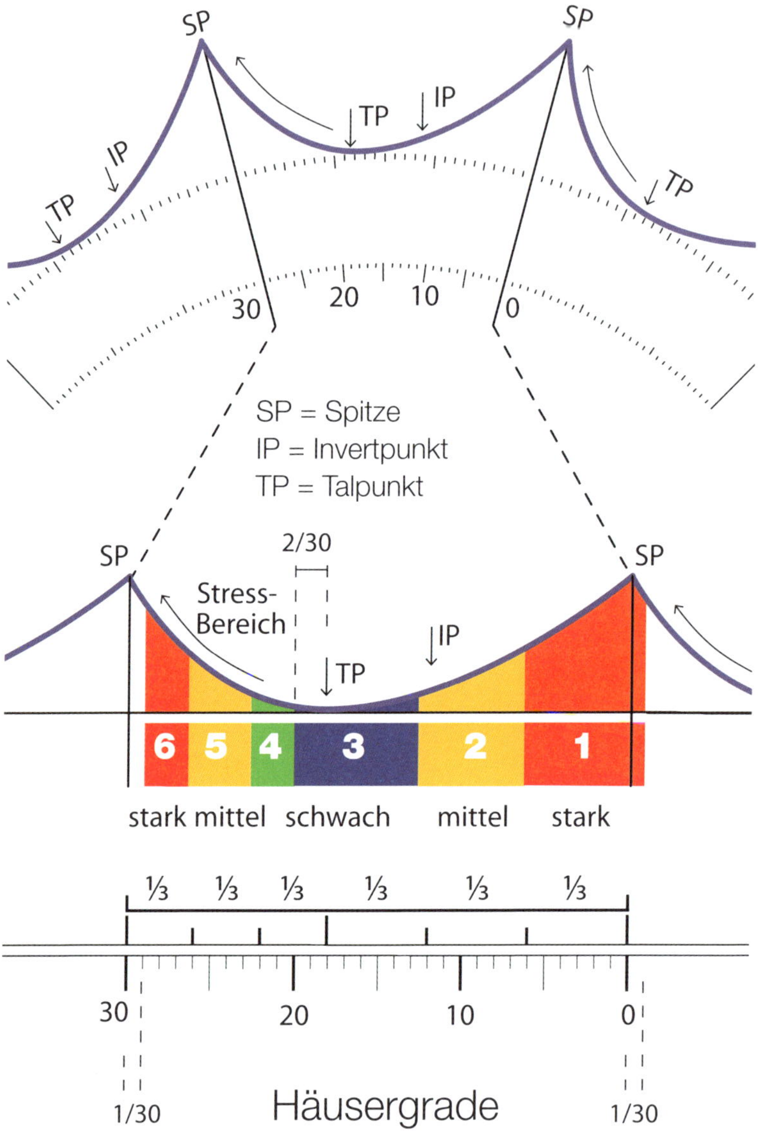

Abbildung 7: Die Intensitätskurve in den Häusern

5. Ebene: Das Verhalten in den Häusern

Auf der 5. Ebene sind die zwölf Häuser zu finden, die die äußere Prägung des Verhaltens darstellen. Unsere Erziehung bestimmt zunächst unsere Verhaltensimpulse in der Auseinandersetzung mit unseren Bezugspersonen und unserer Umwelt. Die Stellung der Planeten in den Häusern gibt Auskunft darüber, *wie* wir die Erfahrungen, die wir in Kindheit und Jugend gemacht haben, im Kontakt mit unserer Umwelt einsetzen. Die Stellung der Planeten gemäß der Energiekurve kann Aufschluss darüber geben, ob der Mensch sich mehr nach außen oder nach innen gerichtet orientiert. Außerdem erlaubt die Energiekurve eine Aussage darüber, ob der Betreffende zu stresserzeugendem Verhalten neigt. (In Teil III.1, „Die Intensitätskurve in den Häusern", Seite 38 ff., finden Sie eine umfassende Darstellung des menschlichen Verhaltens.)

Die Dynamik im Haus

Der Energieverlauf im Haus ist wie folgt: Ein Planet an der Häuserspitze wird im Außen stark gefordert, während er am Talpunkt, etwa am Zweidrittel-Punkt des Hauses, nach innen wirkt. Danach steigt die Energie wieder steil an bis zur nächsten Häuserspitze. Im letzten Abschnitt vor dieser überlappen sich die Energiebereiche der beiden Häuser. Planeten in diesem Abschnitt sind großem Stress ausgesetzt und werden deshalb als „Stress-„ oder „Schattenplaneten" bezeichnet (IV.18). (Siehe Abbildung 7, linke Seite)
Der Energiebereich im Haus kann wie folgt unterteilt werden:

1 aktiv nach außen treten, ohne sich zu verlieren,
2 etwas bewusst planen und im Außen umsetzen,
3 spirituelle Entwicklung fördern,
4 Unentschlossenheit überwinden,
5 im richtigen Moment reagieren,
6 nach Erfolg streben mit eventueller Stressgefahr.

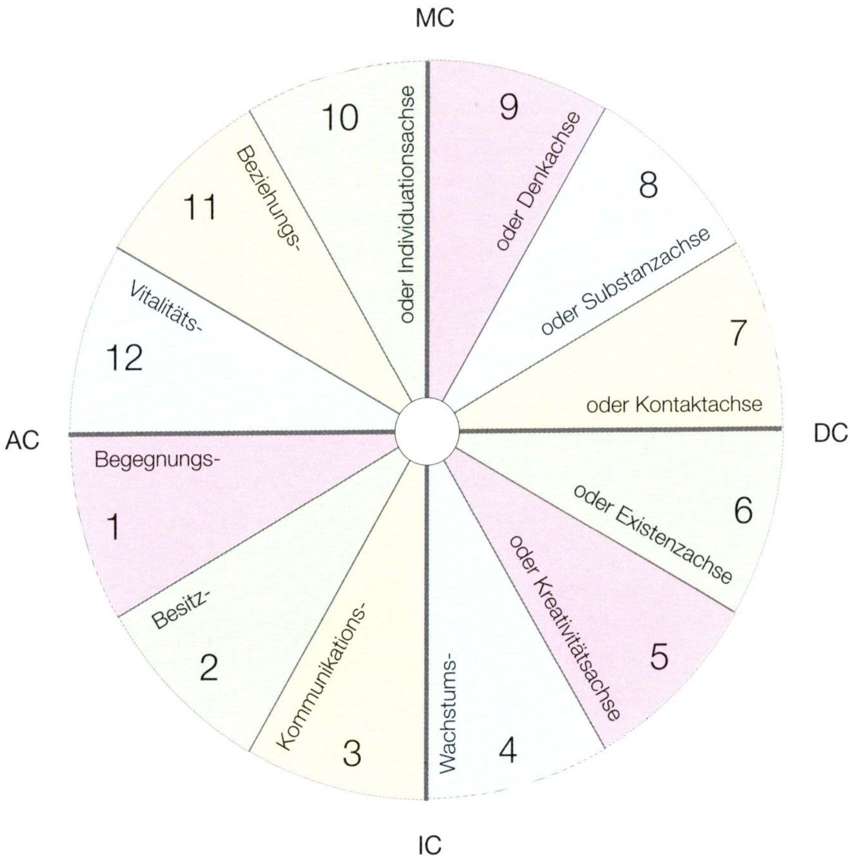

Die Polarität der Achsen

1–7	Begegnungsachse	*kardinal*
2–8	Besitzachse	*fix*
3–9	Denkachse	*veränderlich*
4–10	Individuationsachse	*kardinal*
5–11	Beziehungsachse	*fix*
6–12	Existenzachse	*veränderlich*

Abbildung 8: Die Achsenkreuze im Häusersystem

Die fünf Ebenen in der Deutung des Horoskops

Bei der Deutung definieren wir die einzelnen Elemente einer Ebene. In einem weiteren Schritt zeigen wir die Wirkung der Elemente zwischen den verschiedenen Ebenen von innen nach außen auf. Auf diese Weise betrachtet, kann das Horoskop die Entwicklungsmöglichkeiten des Menschen darstellen. Die astrologische Deutung wird durch das Wissen über die fünf Ebenen erweitert und verfeinert:

- Die *Mitte (1. Ebene)* symbolisiert den Ort der Freiheit.
- Das *Aspektbild (2. Ebene)* stellt symbolisch die tiefe innere Anlage dar, die eine Verbindung zum innersten Wesenskern ermöglicht.
- Der *Planet (3. Ebene)* wirkt als Kraft.
- Das *Zeichen (4. Ebene)* drückt die Anlage aus.
- Im *Haus (5. Ebene)* zeigt der Planet symbolisch den Bezug zur Umwelt auf.

Das System der Ebenen ermöglicht durch die ordnende Struktur eine umfassende Interpretation der individuellen Talente eines Menschen und verbindet gleichzeitig die einzelnen Elemente des gesamten Horoskops. Zwischen dem Wesenskern in der Horoskopmitte und den – ganz außen liegenden – Häusern findet im Kosmogramm ein stetiger energetischer Austausch statt. Dieses Energiesystem bildet die Bewusstseinsprozesse des gesamten Menschen ab. Damit bietet die astrologische Symbolik ein ideales Werkzeug, um den Weg der Selbsterkenntnis und der Transformation des Ich zum Selbst zu unterstützen.

Kapitel 3

Die Dynamik in den Zeichen und Häusern

Für die symbolische Darstellung der Entwicklungsmöglichkeiten des Menschen war eine moderne Astrologie erforderlich. Bruno Huber entwickelte Ende der 1960er Jahre während seiner intensiven Forschungen auf der Grundlage von etwa tausend Fallbeispielen eine dynamische astrologische Psychologie mit Energiekurven im System der Häuser und Zeichen des Horoskops. Eine Deutung mithilfe von Intensitätskurven ermöglicht es, für die einzelnen Planeten im Horoskop die Wendung nach außen oder nach innen zu erkunden. Planeten im Stressbereich können ebenfalls ermittelt werden, um die eventuelle Gefahr eines Burn-outs erkennen und rechtzeitig Maßnahmen ergreifen zu können.

1. Die Intensitätskurve in den Häusern

Wie viel Energie dem Menschen zur Verfügung steht, das lässt sich an der Energiekurve in den Häusern – auf der 5. Ebene des Horoskops – ablesen. An den Häuserspitzen richtet sich die Energie nach außen *auf die Umwelt* und wendet sich im weiteren Verlauf nach innen *zum Wesenskern* hin (siehe Abbildung 7, Seite 34).

Der *Talpunkt* (TP) befindet sich gegen den Uhrzeigersinn etwa am Zweidrittel-Punkt vor der Häuserspitze. Das Gleiche gilt, jedoch im Uhrzeigersinn, für den *Invertpunkt* (IP) als Umkehrpunkt von den äußeren zu den inneren Energien. Zwischen dem Talpunkt und der Spitze des nächsten Hauses durchdringen und überlagern sich die Energiebereiche der beiden aneinandergrenzenden Häuser. Dieser Abschnitt wird deshalb „Stress-" oder „Schatten-bereich" genannt. Planeten, die in diesem Bereich des Hauses stehen, werden stark gefordert und sind oft überlastet. Die Intensitätslinie verläuft wellenförmig durch das Häusersystem und gibt Aufschluss über Extravertiertheit oder Introvertiertheit eines Menschen.

Die Häuserspitze

An den Spitzen der Häuser stehen die Planetenqualitäten im Außen voll zur Verfügung und können erfolgreich im Leben eingesetzt werden. In diesem Bereich ist der Mensch zum Beispiel mit der Sonne an der Spitze eines Hauses ein Macher, ein Erfolgstyp und erhält Anerkennung für das, was er tut. Hat jemand in seinem Horoskop fünf Planeten an den Spitzen, so kann er ein Leistungsträger im Bereich der Wirtschaft sein. Gefährlich werden solche Konstellationen für einen solchen Menschen, wenn er es verpasst – spätestens in der zweiten Lebenshälfte –, einen Ausgleich zu seinem Nach-außen-Gehen durch die Hinwendung zu inneren Werten zu schaffen. Er kann sich dann im Außen verlieren. Was die Energiekurve im Haus anbelangt, so ist zum Beispiel ein typischer Löwe leicht zu erkennen, wenn er die Sonne in seinem Horoskop an der Spitze hat, weil seine Löwe-Energien in diesem Fall nach außen gerichtet sind. Bei einem unauffälligen Löwen steht die Sonne dagegen wahrscheinlich am Talpunkt; das heißt, die löwetypischen Energien richten sich hier eher nach innen.

Der Invertpunkt

Am Invertpunkt – dem Zweidrittel-Punkt auf der Energiekurve im Haus im Uhrzeigersinn – wenden sich die Energien von außen nach innen. Hier können langfristige Ziele gesetzt und auch erreicht werden. Am Invertpunkt sollten wir unsere Aufgaben prüfen und Ziele umsetzen, die wir verwirklichen können. Die Qualitäten der Planeten können in diesem Bereich des Hauses bewusst und mit Klarheit wahrgenommen werden, und sie schenken dem Betreffenden eine solide Urteilsfähigkeit. Planeten am Invertpunkt verlangen immer eine Verwirklichung im Leben.

BEISPIEL

Im Kosmogramm von ***Barack Obama*** (geboren 1961) stehen drei Planeten am Invertpunkt. Im Jahr 2008, in der Zeit einer der schwersten Weltwirtschaftskrisen, wurde er Präsident der USA und versucht seitdem, sein Land mit möglichst großer sozialer Sicherheit (Neptun und Saturn) sowie Gerechtigkeit (Jupiter) für alle Menschen in die Zukunft zu führen – trotz größter Belastungen, die ihm die vorhergehende Regierung hinterlassen hat.

Der Talpunkt

In unserer Zeit verbreiten sich psychische Krankheiten wie Depressionen und Burn-out rapide. Die Zahl der Krankschreibungen aufgrund seelischer Belastungen hat sich seit 2001 fast verdoppelt. Hier kann die Spirituell-Astrologische Psychologie ungewöhnlich einfache Wege zur Prophylaxe und zur Heilung aufzeigen. Die Stellung der Planeten am Talpunkt – dem Zweidrittel-Punkt auf der Energiekurve im Haus gegen den Uhrzeigersinn – kann dabei einer der wichtigsten Ansatzpunkte sein.

Die Planeten am Talpunkt spielen für eine ganzheitliche Lebensentfaltung eine bedeutende Rolle. Die Energiekurve verläuft am Talpunkt nach innen. Menschen, in deren Horoskop viele Planeten an Talpunkten stehen, verfügen über ein bedeutendes inneres Potenzial, das im Außen oft nur wenig gefragt ist. Durch diese Diskrepanz kann ein Leidensdruck entstehen, denn: Wem dieser Zusammenhang nicht bewusst ist, der ist nicht imstande, sein Bedürfnis nach Rückzug deutlich zu vertreten. Der innere Zwiespalt wird ihn belasten und in Stress bringen. Über das Kosmogramm ergibt sich dann die Möglichkeit, den gefühlten inneren Konflikt zu benennen und durch entsprechende Hinweise ins Bewusstsein zu bringen. Trifft der Mensch nun die bewusste Entscheidung, sich in Ruhe seinen inneren Impulsen zuzuwenden, so sorgt er dadurch für mehr Wohlbefinden und Regeneration in seinem Leben. Dies wird sich unmittelbar auf seine körperliche und seelische Gesundheit auswirken. Eine Stressbelastung, die auf Dauer krankheitsverursachend wirken mag, kann auf diesem Wege deutlich reduziert werden. Wer durch die Hinwendung nach innen seinen mitgebrachten Anlagen Raum gibt, kann seine spirituelle Entwicklung fördern.

Stehen im Horoskop Planeten am Talpunkt, so können wir uns im Leben zwischen zwei Möglichkeiten entscheiden: Entweder wir fühlen uns zurückgesetzt und leiden darunter, dass wir nicht beachtet werden, oder wir wenden uns nach innen, erschließen auf diese Weise die Energie des Planeten und entwickeln so unsere innere Anlage. Stehen mehrere Planeten am Talpunkt, sollte der Betreffende erkennen, dass er anders „funktioniert" als andere Menschen. Oft erfährt er das erst später im Leben. Das Kosmogramm bietet dann die Chance auf neue Sichtweisen und kann einer spirituellen Entwicklung Raum geben.

Machen sich Menschen mit mehreren Planeten am Talpunkt auf den Weg nach innen, so werden ihnen tiefe Erfahrungen beschert. Sie durchleben eine innere Wandlung und eine Stärkung von innen – aus dem Wesenskern heraus, der, wie bereits erläutert, symbolisch in der Mitte des Horoskops angelegt ist. Ein solcher Mensch wird, wenn er sein inneres Potenzial erfährt, ein neues Bewusstsein entwickeln, da er sich selbst nun ganz neu wahrnimmt. Das stärkt seine Selbstakzeptanz und er kann sich dadurch besser vor Angriffen von außen schützen. Dieser Prozess wird oft als Befreiung empfunden und kann den Betreffenden vor depressiven Zuständen bewahren. Durch spezielle meditative Verfahren nach Christian Meyer (die er in seinem Buch *Aufwachen* beschreibt; siehe unter Literaturempfehlungen, Seite 220 f.) gelingt es, sich mit den nach innen gewandten Kräften, die diese Planeten besitzen, vertraut zu machen und diese zur spirituellen Weiterentwicklung zu nutzen.

Stehen mehrere Planeten am Talpunkt, dann ermöglichen sie dem Betreffenden einen Zugang zum Wesenskern, zum Selbst, und machen es einfach, sich auf seine Mitte auszurichten. Die spirituellen Planeten Uranus, Neptun und Pluto können sich am Talpunkt gut entfalten. Stehen die Persönlichkeitsplaneten Sonne, Mond und Saturn an diesen sensitiven Stellen, ist der Mensch in seiner ganzen Persönlichkeit gefordert. Die kreatürlichen Planeten Mars und Venus sowie Merkur und Jupiter am Talpunkt zeigen an, dass die innere Schöpferkraft ausgeprägt ist. Mehrere Planeten am Talpunkt weisen zwingend auf die Notwendigkeit einer Entwicklung in die spirituelle Richtung hin (IV.15). In einer astrologischen Beratung wird dieses Potenzial aufgedeckt und gleichzeitig werden Wege zu einem spirituellen Heilungsprozess aufgezeigt, die sich unmittelbar auf die körperliche und seelisch-geistige Verfassung und Gesundheit des Betreffenden auswirken.

BEISPIELE

Bekannte Persönlichkeiten wie die indischen Weisen ***Ramana Maharshi*** (1879–1950) und ***Sri Aurobindo*** (1872–1950) sowie der transpersonale Philosoph ***Jean Gebser*** (1905–1973) und der astrologische Forscher ***Bruno Huber*** (1930–1999) haben in ihrem Kosmogramm jeweils fünf bis sechs Planeten am Talpunkt. Sie

sind den Weg nach innen – in die Stille – gegangen. Die Klarheit, die durch diese innere Arbeit entstand, führte diese Menschen in ihrem Bewusstsein sehr weit. Ihre spirituell-psychologische Entwicklung war außergewöhnlich. Sie haben als Pioniere weltweit die wegbereitenden Richtungen der transpersonalen, der integralen, der astrologischen und der spirituellen Psychologie geschaffen bzw. entscheidend mitbestimmt. Auch im staatsmännischen Denken, in der Kunst und in der Religion sind mit Planeten am Talpunkt außergewöhnliche Erfahrungen möglich:
So ist in ***Mahatma Gandhis*** (1869–1948) Kosmogramm eine fünfeckige Figur zu sehen, bei der alle fünf Planeten am Talpunkt stehen. Das darin enthaltene wesentliche Viereck wird als „Arenafigur“ bezeichnet. In der Arena finden im Normalfall Kampfspiele statt. Gandhi wandelte den äußeren Kampf durch die nach innen gerichteten Kräfte in „gewaltlosen Widerstand“ um. Die Liebe stand dabei im Vordergrund (Mond an der Spitze der Arenafigur). Dieses astrologisch sofort erkennbare Potenzial hat sein Leben tief geprägt und ihn trotz mehrerer Gefängnisaufenthalte über Jahrzehnte hinweg ausharren lassen (Saturn im fixen 2. Haus), um die Freiheit zu erlangen (Uranus als Stressplanet am MC). Sein selbstloser Einsatz für ein unabhängiges Indien war seine Lebensaufgabe und seine Berufung und führte zur Befreiung dieses großen Landes mit seiner jahrtausendealten Kultur. In Indien wird Gandhi als „Vater der Nation“ bezeichnet.

Im Kosmogramm des großen religiösen Erneuerers ***Martin Luther*** (1483–1546) stehen vier Planeten einschließlich einer Mond-Neptun-Konjunktion (tiefe göttliche Liebe und Hingabe) am Talpunkt. In der Stille der Wartburg schuf der geistig sehr bewegliche Reformator (Uranus im Zeichen Schütze sowie im Stressbereich; IV.18) eine klare Bibelübersetzung (exakte Mars-Jupiter-Konjunktion) und viele geistige Schriften von überzeitlicher Wirkung (starker Pluto).

Der Stress- oder Schattenbereich

Planeten in der zweiten Hälfte des veränderlichen Bereiches, der nach dem Talpunkt beginnt und bis 1 Grad vor die Häuserspitze reicht, sind sehr gefordert. Vor allem im letzten Drittel wollen sie – besonders an den Hauptachsen AC–DC und MC–IC – Höchstleistungen erbringen und kennen oft keine Kompromisse und keine Grenzen. Das kann Stress oder Blockierungen verursachen und nach längerer Zeit zu psychosomatischen Erkrankungen führen. Den anderen Wesenskräften im Kosmogramm wird dabei viel Energie entzogen, um den Mehrbedarf der Stressplaneten (IV.18) auszugleichen.

Die drei Bereiche im Haus nach den Kreuzqualitäten

Jedem Haus kann eine der drei astrologischen Kreuzqualitäten *kardinal, fix* oder *veränderlich* zugeteilt werden:

- Der Impuls für große Schaffensprozesse erfolgt im *Kardinalen*,
- während im *Fixen* eine Sammlung mit einer sinnvollen Verwertung des neu Geschaffenen geschieht und
- im *Veränderlichen* wieder neue Ideen für weitere Projekte entstehen.

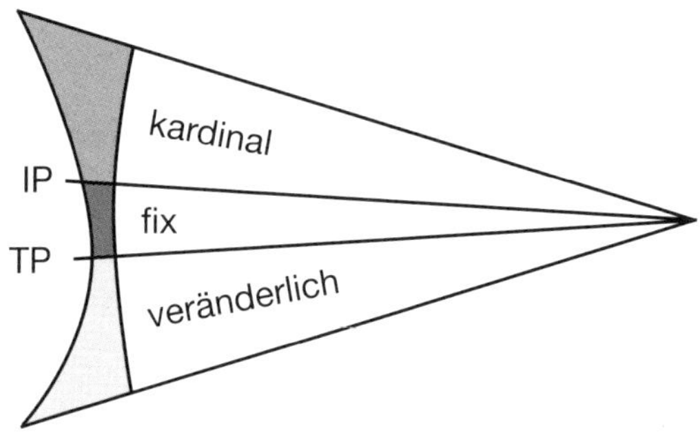

Abbildung 9: Die drei Bereiche in den Häusern nach den Kreuzqualitäten

Eine weitere Form des dreiphasigen Entwicklungsprozesses „veränderlich – kardinal – fix“ finden wir in der Formel *Gedanke – Energie – Form*. Dieser Ablauf zeigt in einer klaren Entsprechung die dynamische Entwicklung des Menschen in seinem fortwährenden Reifungsprozess: Wir haben einen Gedanken, setzen dafür Energie ein, indem wir in Aktion treten, und schaffen etwas in einer bestimmten Form. Innerhalb der Häuser sind die drei Bereiche wie folgt vertreten:

- Der *kardinale Bereich* umfasst die Strecke von der Häuserspitze bis zum Invertpunkt – gegen den Uhrzeigersinn. Die Kräfte, die die zehn Himmelskörper symbolisieren, können sich hier im Außen gut durchsetzen und Leistung erbringen.
- Im *fixen Bereich* zwischen Invert- und Talpunkt sind die Energien nach innen gerichtet und können Festigkeit und Beständigkeit zeigen. Finden sich mehrere Planeten in diesem Bereich, sollte durch Innenschau eine innere Sammlung stattfinden.
- Im *veränderlichen Bereich* zwischen Talpunkt und nächster Häuserspitze wirken die Kräfte kommunikativ. Sie streben nach Anerkennung und passen sich schnell an. Stehen Planeten in der zweiten Hälfte dieses Abschnittes, so nimmt der Stress zu und der Energiehaushalt des Menschen ist eher störungsanfällig.

2. Die Intensitätskurve in den Zeichen

Auf der 4. Ebene des Horoskops – im System der Zeichen – konnte Bruno Huber ebenfalls eine Intensitätskurve entdecken (siehe Abbildung 6, Seite 32). Etwa am Zweidrittel-Punkt – hier bei 12 Grad – besitzt ein Planet im Zeichen seine größte Kraft. Die

Kurve steigt von 0 Grad – zu Beginn des Zeichens – bis 12 Grad desselben Zeichens an, wo die Energie am stärksten ist, um bis zum Zeichenende – bis 30 bzw. 0 Grad – wieder beständig abzunehmen. Die Zeichen stellen die Energiequellen für die Planeten dar und zeigen die Anlagen – die bei der Geburt mitgebrachte Ausrüstung des Menschen – auf. Die individuelle Anlage eines Menschen auf diese Art darzustellen, ist einmalig in der astrologischen Symbolik. Die Unterteilung ist wie folgt:

- Der *starke Bereich* im Zeichen liegt zwischen dem 7. und dem 18. Grad, das Maximum befindet sich, wie bereits beschrieben, bei 12 Grad. Planeten bekommen hier eine intensive kraftvolle Energie, die sie wirkungsvoll einsetzen können. In der Anlage ist hier eine starke Wirkkraft mit großem Drang zur Betätigung sowie viel Ausdauer und Beharrlichkeit gegeben. Die Planetenkräfte in diesem Bereich sind manchmal dominant und in Krisensituationen oft schwer zu steuern. Die Energie will hier immer im Fluss sein.
- Im *mittleren Bereich* von 2 bis 7 und von 18 bis 27 Grad erhalten die Planeten Ausdauer, mit der auf längere Sicht Entwicklungsprozesse in Gang gebracht werden können. In diesem Bereich ist es möglich, die Kräfte gut zu steuern und im richtigen Augenblick zielgerichtet einzusetzen.
- Im *schwachen Bereich* von 0 bis 2 und von 27 bis 30 Grad ist das energetische Potenzial eher gering. Bei einer Wendung nach innen jedoch können diese Planeten gut für eine spirituelle Entwicklung eingesetzt werden.

Die Zeichengrenze-Stellung

Wenn Planeten eine Stellung an den Zeichengrenzen zwischen dem 29. Grad des einen und dem 1. Grad des folgenden Sternzeichens einnehmen, ist ein leichter Zugang zum inneren Wesenskern gegeben; die innere Anlage wird leicht zugänglich. Es ist wichtig, dass wir Planeten in dieser Position in ihrer spirituellen Bedeutung verstehen und ihre spirituelle Kraft in unserem Leben berücksichtigen. Auf diese Weise kann die mögliche Gefahr eines Burn-outs gebannt werden, denn an der Zeichengrenze ist, wie bereits gesagt, von der Ebene der Zeichen her wenig oder keine Energie vorhanden. Bei einer Starkstellung des Planeten im Haus wird von außen die Schwachstellung im Zeichen meist verdeckt und kann rein äußerlich zunächst nicht erkannt werden. Mit fortgeschrittenem Lebensalter macht sich dieser Energiemangel in der persönlichen Gesundheit immer stärker bemerkbar und mag im sogenannten Ausgebranntsein gipfeln. Wenn durch einen Alterspunkt- oder Transit-Übergang (IV.19 und IV.20) mit Pluto oder Uranus eine zusätzliche Belastung eintritt, kann das leicht zu einer plötzlichen gesundheitlichen Krise in Gestalt eines Burn-outs führen, was auch in einem Zusammenbruch gipfeln mag.

BEISPIEL

Die Schauspielerin ***Romy Schneider*** (1938–1982) hat in ihrem Kosmogramm zwei Planeten, und zwar Sonne (Selbstbewusstsein) und Mond (Gefühle), an einer Zeichengrenze im 4. Haus. Gleichzeitig stehen diese beiden Planeten in einer engen Konjunktion am Talpunkt. So hatte Romy Schneider guten Zugang zu ihren künstlerischen Fähigkeiten als Schauspielerin, vor allem wenn es um die authentische Darstellung von tiefen Gefühlen ging. In Krisenzeiten ist es mit dieser vollkommen nach innen gewandten Veranlagung jedoch schwer, sich im äußeren Leben selbstbewusst zu zeigen und sich gefühlsmäßig abzugrenzen, da beide Persönlichkeitsplaneten nur von innen gesteuert werden können. Im Horoskop von Romy Schneider stehen außerdem fünf Planeten am Talpunkt und weitere fünf Planeten in eingeschlossenen

Zeichen, Zeichen also, die keine Häuserspitze besetzen (IV.12). Ein Mensch mit so vielen nach innen gerichteten Anlagen muss eine spirituelle Praxis in seinen Alltag mit einbeziehen.

3. Stark- und Schwachstellung der Planeten in den Zeichen und Häusern

Bei den Planeten unterscheiden wir die Stellung in den Häusern und in den Zeichen. So können wir bei einem Zeichen-Häuser-Vergleich die Planetenstärke im Zeichen als energetische Ausrüstung mit der Stärke im Haus in Bezug auf das äußere Verhalten kombinieren. Die damit verbundene quantitative Bewertung ist eine neue Erkenntnis der empirischen Forschung von Bruno Huber. Sie gibt uns einen Überblick über die wirkenden Kräfte.

Vier außergewöhnliche Planetenstellungen

Ein Planet steht *an der Häuserspitze* und *im Zeichen auf 12 Grad* (beides Starkstellungen). In dieser Stellung wird der Planet im Zeichen optimal mit Energie versorgt und kann im Haus am stärksten nach außen wirken. So ist es mit diesem Potenzial möglich, mit intensivem Engagement große Ziele anzugehen.

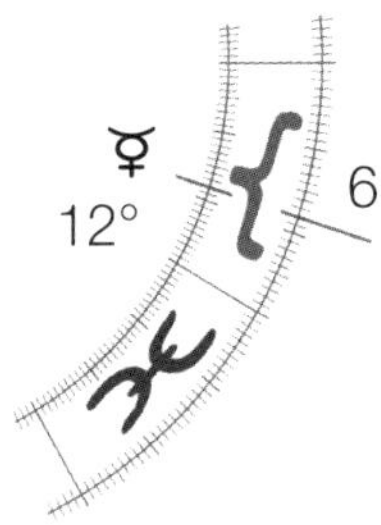

Abbildung 10

Ein Planet steht *im Haus am Talpunkt* und *an einer Zeichengrenze* (beides Schwachstellungen). Im Normalfall ist dieser Planet in Haus und Zeichen äußerst schwach gestellt. Er wirkt nach innen gerichtet und wird von außen nicht wahrgenommen. Nach neuen eigenen Forschungen ist diese Anlage – besonders, wenn mehrere Planeten in dieser Position stehen – für eine helfende, therapeutische oder spirituelle wie auch für eine künstlerische Tätigkeit bestens geeignet.

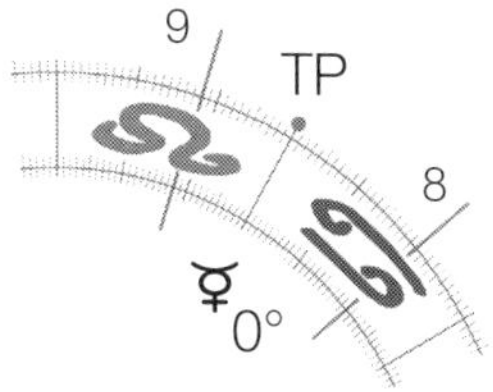

Abbildung 11

Ein Planet steht *an der Häuserspitze* und *an einer Zeichengrenze* (im Haus stark, im Zeichen schwach). Diese Konstellation ist eine sogenannte Sogstellung: Der Planet will nach außen wirken, aber vom Zeichen her ist fast keine Energie vorhanden. Diese Anlage kann, wenn sie nicht rechtzeitig erkannt wird, zu einer Überbeanspruchung im Außen und damit – meist ab der zweiten Lebenshälfte – zu einem Burn-out führen. Wendet man sich dann nach innen, können entstehende Probleme oft erkannt und gelöst werden.

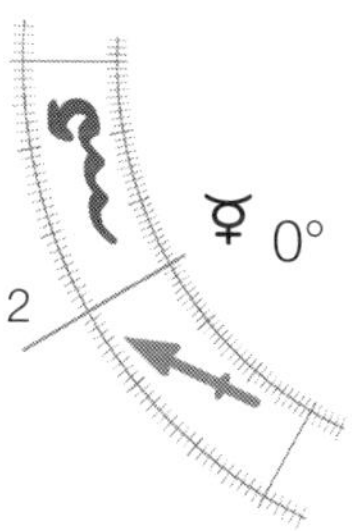

Abbildung 12

Ein Planet steht *im Haus am Talpunkt* und *im Zeichen auf 12 Grad* (im Haus schwach, im Zeichen stark). Hier ist es umgekehrt wie unter 3., was als „Staustellung“ bezeichnet wird: Von innen ist viel Energie vorhanden, aber sie ist im Außen nicht gefragt. Die Umwelt reagiert nicht darauf. Das führt zu Spannungen im Inneren, die sich, wenn der Betreffende sie nicht beachtet, später oft als Krankheit im Körper niederschlagen. Wendet er sich allerdings nach innen, entsteht mehr Gelassenheit und Schwierigkeiten können sich auflösen.

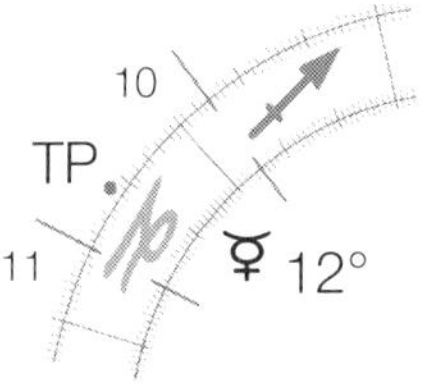

Abbildung 13

Diese außergewöhnlichen Stellungen der Planeten im Kosmogramm zeigen sofort an, welche Anlagen wir in uns tragen. Gleichzeitig erkennen wir, in welchem Bereich unseres Lebens Schwierigkeiten entstehen könnten. Mit diesem Wissen ist es uns möglich, psychische Überbelastungen und Krankheiten wie Depression und Burn-out zu vermeiden, indem wir rechtzeitig gegensteuern.

4. Weitere Elemente im Horoskop

Der Aszendent

In der traditionellen Astrologie wird dem Aszendenten (AC) oft eine große Bedeutung zugesprochen. Diese alte Wissenschaft nahm mit der Beobachtung des Himmelsgeschehens vor Tausenden von Jahren in Mesopotamien ihren Anfang.

Der Aszendent hat tatsächlich eine grundlegende psychologische Bedeutung. Der Zeitpunkt unserer Geburt bestimmt den Aszendenten und damit die Lage der Zeichen in den Häusern sowie den Stand der Planeten in den Häusern. Die Häuser stellen das Verhalten des Menschen in Bezug auf seine Umwelt dar. Am Aszendenten befindet sich der Ich-Punkt. So identifizieren wir uns an dieser Stelle besonders mit unserem Ich und präsentieren uns, um uns anderen Menschen gegenüber – am Deszendenten – zu behaupten. Steht ein Planet am Aszendenten, dann ist die Ich-Darstellung besonders stark. Die Qualität des Planeten am AC mag dem Betreffenden ins Gesicht geschrieben sein.

Mit dem spirituell-psychologisch ausgerichteten Interpretationsansatz erhält der Aszendent einen neuen Kontext: Das Ego oder das Ich werden neu betrachtet und verlieren dabei ihre starren Strukturen, werden durchlässiger und können letztendlich im Zuge einer spirituellen Entwicklung ganz transformiert werden.

Der Mondknoten

Die beiden Mondknoten stellen die Schnittpunkte zwischen Mond- und Sonnenbahn dar. Sie sind uralte Elemente in der Astrologie. Bereits bei den Sumerern und den Kelten hatten sie wegen der Sonnen- und Mondfinsternisse, die an diesen Schnittstellen entstehen, eine große Bedeutung. Die Anlage von Stonehenge stellt wahrscheinlich das älteste Messsystem dar, mit dem Sonnen- und Mondfinsternisse bestimmt werden konnten. Mit den Mondknoten war für die Urvölker die mystische Erfahrung einer Wandlungssymbolik verbunden.

In der modernen astrologischen Symbolik haben die Mondknoten ebenfalls eine psychologische Bedeutung: Der *aufsteigende Mondknoten* (☊) ist der Punkt für persönliches Wachstum: Hier ist es möglich, neue Schritte im Leben zu gehen. Mit dem aufsteigenden (jupiterischen) Mondknoten entwickelt sich die Persönlichkeit weiter. Deshalb zeichnen wir nur den aufsteigenden Mondknoten im Horoskop ein. Er baut auf den alten Erfahrungen des absteigenden (saturnischen) Mondknotens auf, besonders wenn dort auch Planeten stehen.

Der aufsteigende Mondknoten kann auch als „Korrekturpunkt im Horoskop“ bezeichnet werden, denn hier soll Festgefahrenes geändert werden. Wenn wir im Leben Probleme haben, kann der Mondknoten auf den nächsten Schritt hinweisen, der in Richtung Lösung führt. Er ist wie ein Wegweiser, der den richtigen Weg aufzeigt. Mit diesem Mondknoten werden wir aufgefordert, Neues zu lernen und anzuwenden, um voranzukommen.

Der *absteigende Mondknoten* (☋) steht für alte Gewohnheiten und Fähigkeiten. Die Planeten, die sich hier befinden, sollten wir uneigennützig, das heißt ohne Ego einsetzen.

Bei der Mondknoten-Symbolik ist der aufsteigende Mondknoten der Weg, der uns nach vorn führt. Durch die Stellung des Mondknotens im Haus sehen wir, *was* wir zu lernen haben, und das Zeichen gibt Auskunft darüber, *wie* wir es lernen können. Planeten, die in Konjunktion mit dem Mondknoten stehen, unterstützen den Prozess der Entwicklung. Sie weisen meist auf eine Tätigkeit oder einen Beruf hin. Bei einem unaspektierten Mondknoten ist es oft schwer, den ersten Schritt zu tun. Menschen mit rot-grünen Aspekten (siehe Abbildung 1, Seite 23) zum Mondknoten sind ungeduldig, wollen schnell vorankommen und vieles gleichzeitig machen. Blaue Aspekte gleichen aus und führen auf einem eher harmonischen Weg weiter.

Der aufsteigende Mondknoten in den 12 Häusern

In dem Haus, in dem der aufsteigende Mondknoten steht, können wir den ersten Schritt tun. Er zeigt uns dem Haus entsprechend, welche Lernaufgabe wir zu bewältigen haben.

1. Haus: Die eigenen Bedürfnisse spüren und sie souverän und selbstbewusst umsetzen.
2. Haus: Sich selbst vertrauen und die eigenen Fähigkeiten entwickeln und einsetzen.
3. Haus: Aus den alltäglichen Begegnungen lernen und mit offenen Sinnen durchs Leben gehen.
4. Haus: Die eigenen Wurzeln finden, sich von familiären Abhängigkeiten befreien und seinen Weg gehen.
5. Haus: Sich in möglicherweise riskanten Experimenten mit Freude erproben und sich selbst verwirklichen.
6. Haus: Anderen Menschen dienen und die Existenzgrundlage im Leben finden.
7. Haus: Sich dem anderen Menschen partnerschaftlich öffnen, sodass sich die Herzen berühren.
8. Haus: Über Stirb-und-Werde-Prozesse die eigenen Werte finden und in die Gesellschaft einbringen.
9. Haus: Durch Eigenständigkeit und unabhängiges Denken die eigene Wahrheit und die Freiheit finden.
10. Haus: Zielstrebig die eigene Berufung finden und andere Menschen kooperativ mit natürlicher Autorität führen.
11. Haus: Mit gleichgesinnten Freunden ein integrales Beziehungsnetz zur Erlangung der Freiheit errichten.
12. Haus: Durch Verinnerlichung der Stille zum Selbst werden, das heißt Liebe, Leere und Glückseligkeit sein.

Der Alterspunkt

Der Alterspunkt, auch „Altersprogression“ oder „Lebensuhr“ genannt, ist eine Neuentdeckung von Bruno Huber. Er ist einfach aufgebaut und läuft als Fokus des Bewusstseins – vom Aszendenten (AC) ausgehend – im Gegenuhrzeigersinn durch das Häusersystem. Für jedes Haus braucht er dabei sechs Jahre, sodass ein vollständiger Lauf durch alle zwölf Häuser 72 Jahre dauert. Wissen wir das Alter eines Menschen, so ist in seinem Horoskop sofort zu sehen, wo er in seinem Leben gerade steht. Der Alterspunkt zeigt entsprechend der Intensitätskurve eine bestimmte Energieausrüstung zu besonderen Zeitpunkten im Leben in den Häusern an der Häuserspitze, am Invertpunkt, am Talpunkt sowie am Stress- und im Schattenbereich an. Das Haus zeigt den Ort eines eventuellen Einsatzes. Die Färbung des Hintergrundes erfolgt durch die entsprechende Zeichenqualität.(IV.19)

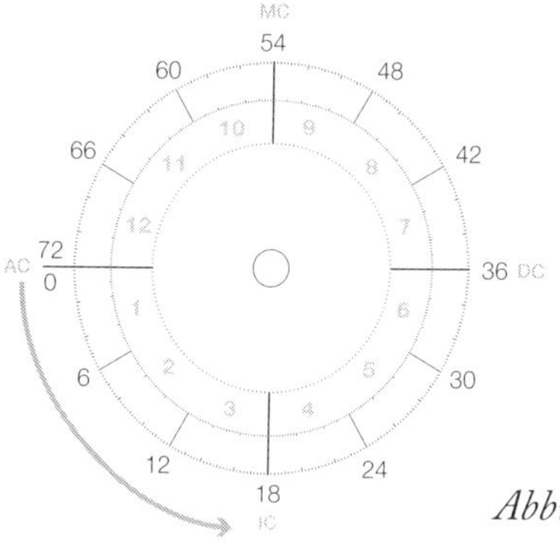

Abbildung 14: Der Alterspunkt

Außerdem bildet der Alterspunkt Aspekte zu den Planeten im Radix, die den inneren Reifungsprozess intensiv unterstützen, aber auch belasten können. Entstehen hier durch die langsam laufenden Planeten Saturn, Uranus, Neptun und Pluto zum Beispiel Konjunktionen sowie rote Aspekte wie Quadrate und Oppositionen zum Alterspunkt, so können diese eine spirituelle Entwicklung unterstützen. Ratsam ist es, sich bereits einige Zeit vorher auf die nach dem Alterspunkt bevorstehenden Herausforderungen und Möglichkeiten vorzubereiten.

Kapitel 4

Spirituelle Entwicklung und Heilung

Die Spirituell-Astrologische Psychologie ermöglicht es, die spirituellen Anlagen eines Menschen rasch zu erkennen, und gibt dem Betreffenden die Möglichkeit, diese durch eine Wendung nach innen zu erschließen. Menschen mit stark ausgeprägten spirituellen Anlagen sind dazu in besonderem Maße aufgefordert. Die auf diese Weise gewonnenen Einsichten sind für das psychische und für das spirituelle Gleichgewicht dieser Menschen in ihrem privaten und beruflichen Umfeld äußerst wichtig. Wer im helfenden, heilenden und beratenden sowie im künstlerischen Bereich tätig ist, für den ist die Spirituell-Astrologische Psychologie perfekt geeignet, um das innere Potenzial anderer Menschen zu erkennen. Dabei bieten sich einmalige Möglichkeiten der Selbsterkenntnis, der Selbstheilung und der Hilfestellung für andere. Außerdem wird durch eine Deutung des Kosmogramms eines Menschen die Gefahr von Fehldiagnosen reduziert, weil Ursachenforschung zielgerichtet stattfinden kann. Psychotherapeutische Behandlungen, die die spirituelle Ebene einbeziehen, können bedeutsamere Entwicklungsfortschritte erzielen. Das mag Umwege und Leid im Leben des Betreffenden ersparen.

Im Folgenden finden Sie die besonderen Anlagen im Horoskop erläutert, die eine spirituelle Entwicklung fordern und fördern.

Die drei spirituellen Planeten

Die Planeten Uranus, Neptun und Pluto erzeugen stets die Leitbilder für eine ganze Generation. Sie durchlaufen die Zeichen äußerst langsam. Uranus braucht sieben und Neptun vierzehn Jahre, um ein Zeichen zu durchlaufen. Pluto ist jedoch der langsamste. Er benötigt durch seine unregelmäßige Laufbahn elf bis dreißig Jahre für ein Zeichen. Uranus war der erste der neuen spirituellen Planeten, der – und das bereits vor etwas mehr als zweihundert Jahren – durch das damals neu erfundene Fernrohr am Himmel gesichtet wurde. William Herschel (1738–1822) sah ihn in London im Jahr 1781 – als sich der Ausbruch der Französischen Revolution anbahnte. Der in Berlin lebende Astronom Johann Gottfried Galle (1812–1910) entdeckte im Jahr 1846 Neptun – in einer Zeit, in der erste soziale Reformen durchgeführt sowie Telefon und Radio entwickelt wurden. Clyde W. Tombaugh (1906–1997) fand Pluto, den dritten spirituellen Planeten. Das geschah am *Lowell-Observatorium* in Arizona/USA im Jahr 1930 – im selben Jahr, als man das radioaktive Element Plutonium entdeckte. Plutonium wird zur Erzeugung der Kernenergie, aber auch zur Herstellung der Atombombe verwendet. Symbolisch kann der Planet Pluto auch im Geistigen eine solche außergewöhnliche Bedeutung haben.

Die von der Erde aus mit dem bloßen Auge nicht sichtbaren Planeten Uranus, Neptun und Pluto stehen für die spirituellen Anlagen des Menschen – Anlagen also, die unserem Bewusstsein nicht von Anfang an zugängig sind. Die drei jenseits von Saturn stehenden spirituellen, transpersonalen oder geistigen Planeten sind wichtige Vorboten einer neuen Zeit und führen in die spirituelle Entwicklung. Sie lassen uns Risiken eingehen und Grenzen überschreiten. Stehen sie im Horoskop eines Menschen an sensitiven Stellen - wie zum Beispiel an einem Talpunkt oder an einer Zeichengrenze –, dann sollte sich der Betreffende auf den spirituellen Weg begeben.

Wir können aus den Steinen, die uns im Weg liegen, Stufen bauen, auf denen wir, unserem inneren Gespür folgend, weiter voranschreiten auf dem Pfad, der uns zu unserer Berufung führt. Uranus, Neptun und Pluto als die drei geistigen Planeten zeigen uns – in Verbindung mit den in diesem Teil des Buches beschriebenen Anlagen – Wege zur Lösung von Problemen in unserem Leben auf, die einen spirituellen Hintergrund haben. Dazu sind die anderen sieben klassischen Planeten allein nicht in der Lage.

Die Deutung unseres Horoskops schenkt uns Selbsterkenntnis. Grundsätzlich haben Uranus, Neptun und Pluto die gleiche Grundqualität wie die laut Planetentabelle in derselben Spalte stehenden Persönlichkeitsplaneten Saturn, Mond, Sonne (siehe Abbildung 5, Seite 30), jedoch ohne die Qualitäten eines Ich oder Ego.

Bei einer *starken Stellung* der drei spirituellen Planeten an den Hauptachsen und Häuserspitzen sind wir engagiert und wollen uns vorbildlich verhalten. Nach einer intensiven inneren Entwicklung können wir als ideales Vorbild für andere dienen. Es besteht aber auch die Gefahr, dass wir uns im Außen verlieren.

1. Uranus – die intuitive Kraft

Uranus stellt die höhere Dimension von Saturn dar. Er symbolisiert das schöpferische Denken. Als revolutionärer Planet hat Uranus viele originelle Ideen. Seine besondere Fähigkeit besteht darin, zur Entfaltung seiner schöpferischen Intelligenz und Kreativität Grenzen zu überschreiten. Dabei geht er immer methodisch vor. Er sammelt alle Erfahrungen und alles Wissen zu einem

Thema. Oft reibt er sich an Widerständen und kommt erst zum Durchbruch, wenn Schwierigkeiten entstehen. Durch die Flucht nach vorn scheut er kein Risiko und überspringt sogar Ebenen. Visionäre Forschungen geschehen fast ausschließlich auf diesem Weg. Die offizielle Wissenschaft kann mit diesen spontanen Erkenntnissen nicht viel anfangen, denn ihr Wissen gründet sich meist auf den Intellekt. Doch Uranus lässt die Transformation geschehen durch die Anwendung des spirituellen Wissens. Er steht für Erfindungen im geistigen Bereich. Intuitiv und blitzartig erfasst er neue Gegebenheiten durch eine Gesamtschau und kann Außergewöhnliches in der grenzüberschreitenden Forschung leisten.

BEISPIELE

Im Horoskop des Physikers ***Albert Einstein*** (1897–1955) steht Uranus als Spannungsherrscher (IV.9) in herausragender Position im unteren Bereich. In seinem Leben nimmt die Intuition eine außerordentliche Stellung ein. Einstein sagte, dass Fantasie wichtiger sei als Wissen, denn Fantasie umfasse die ganze Welt. Wissen ist immer begrenzt, während Fantasie und Intuition in Verbindung mit klarem Verstand grenzenlos sind. Für viele Menschen ist Einstein bis heute das Sinnbild des menschlichen Genies.

Im Horoskop des indischen Weisen ***Sri Aurobindo*** (1872–1950) ist eine intensive schöpferische Kraft zu erkennen: Der intuitive Uranus im Stressbereich (IV.18) vor dem AC trägt symbolisch als unaspektierter (IV.10) und stärkster Planet dazu bei, dass sein Lebenswerk des „Integralen Yoga" entstehen konnte.[1] Fünf Planeten, darunter Neptun und Pluto in der Nähe des Talpunktes (IV.15), unterstützen diese Arbeit.

Im Kosmogramm des indischen spirituellen Lehrers ***Ramana Maharshi*** (1879–1950) kann Uranus am Talpunkt am spitzen Ende einer großen Figur seine spirituellen Kräfte entfalten.

♆ *2. Neptun – die selbstlose Liebe*

Neptun stellt die höhere Dimension des Mondes dar. Je klarer die Gefühle und Kontaktwünsche des Mondes sind, desto mehr können wir die allumfassende bedingungslose Liebe erfahren. Eine Wandlung erfolgt durch den Einsatz spirituellen Wissens. Erst wenn wir uns selbst erkennen und annehmen, können wir uns selbst lieben. Das sagten schon die großen Weisen Laotse (6. Jahrhundert v. Chr.) und Sokrates (469–399 v. Chr.) vor mehr als 2000 Jahren.

Die Deutung unseres Kosmogramms nach der Spirituell-Astrologischen Psychologie ist eine umfassende Methode zur Selbsterkenntnis. Sind wir selbst Liebe, dann können wir den Mitmenschen durch unser soziales Engagement wirklich helfen. Wir kommen dann nicht mehr so leicht in die Gefahr, uns zu überfordern und innerlich auszubrennen. Themen des Planeten Neptun sind Empathie, Einfühlen und Den-anderen-Verstehen. Die Ursehnsucht des Menschen ist es, erkannt, verstanden und geliebt zu werden – das hat eine erlösende und heilende Wirkung. Wir wissen, dass dann große Durchbrüche geschehen können.

Neptun steht für das Ideal der selbstlosen Liebe; er ist das Symbol für Frieden auf Erden. Seine besondere Fähigkeit besteht darin, sich auf empathische Weise mit anderen Menschen zu identifizieren. Neptun verkörpert auch unseren Schutzengel, der vor allem in spirituellen Krisen immer an unserer Seite ist, der uns bedingungslos liebt. Neptun steht für diese Liebe, die das Grundmuster des Lebens darstellt. Wer liebt, verbindet sich mit dem anderen durch die Kommunikation von Herz zu Herz. Die Mystiker aller Zeiten und aller Religionen gingen diesen Weg mit Disziplin und vollem persönlichen Einsatz. Indem wir uns selbstlos mit allem Lebendigen verbinden, erfahren wir in der universellen Liebe die vollkommene Einheit.

BEISPIELE

Im Horoskop von ***Mutter Teresa*** (1910–1997) ist Neptun als Stressplanet (IV.18) im mütterlichen Zeichen Krebs vor der Spitze des 8. Hauses (Gesellschaft) in Opposition zum Stressplaneten Uranus zu finden. Steht Neptun so außergewöhnlich, kann es sein, dass der Betreffende erst Frieden findet, wenn er seine innere Anlage verwirklicht hat. Neptun an der Spitze einer Opposition deutet auf hingebungsvolle Hilfe für andere Menschen als Lebensaufgabe hin. Mutter Teresa folgte ihrem inneren Ruf und begann ein vollkommen neues Leben. Mit großem Einsatz von Verstand und Gefühl (Sonne-Mond-Quadrat) half sie armen Menschen, die in dieser Welt keine Fürsprecher hatten. Mutter Teresa gründete den weltweiten Orden „Missionarinnen der Nächstenliebe" (Mond im 6. Haus der Arbeit) und wirkte als „Engel der Armen" (Neptun) in den Elendsvierteln von Kalkutta in Indien. Für ihren unermüdlichen sozialen Einsatz bekam sie im Jahre 1979 den Friedensnobelpreis verliehen.

Der Freiheitskämpfer ***Nelson Mandela*** (geboren 1918) versöhnte mit dem Liebesplaneten Neptun – als stärkstem Planeten im Horoskop, oben am MC im Zeichen Löwe – nach siebenundzwanzig Jahren Gefängnis die Menschen in Südafrika und hob das Regime der Apartheid auf. Er erhielt 1993 den Friedensnobelpreis und wurde im Jahre 1994 als erster Schwarzer zum Staatspräsidenten von Südafrika gewählt. Nelson Mandela führte sein Land einfühlsam (Sonne im Zeichen Krebs im 9. Haus) und mit sachlich-kritischem Verstand (starke Saturn-Merkur-Konjunktion im 10. Haus).

3. Pluto – die treibende Kraft der Transformation

Pluto als höhere Dimension der Sonne fordert die Wandlung der Formen, um den heilen oder einen ganzen Menschen im Sinne der Einswerdung mit sich selbst zu kreieren. Seine besondere Aufgabe ist es, unseren Schatten zu transformieren. Durch Anwendung des spirituellen Wissens vollzieht sich in Krisenzeiten die Transformation unserer tiefsten Schichten. Pluto ist der geistige Wille, die Kern- und Motivationskraft, die verwandelnd auf die Masken und das Über-Ich des Menschen einwirkt. Er bringt Leben in die alten erstarrten Formen des Daseins, um sie zu transformieren. Pluto bringt die tiefen traumatischen Ängste an die Oberfläche, um sie bewusst zu machen und uns davon zu befreien. Fixierungen werden losgelassen und lösen sich auf im Fluss des Lebens. Wie Friedrich Nietzsche (1844–1900) es ausdrückte: „Tu das, was du am meisten fürchtest." Denn das Dunkle ist das Helle. Um die Persönlichkeit in der Tiefe zu verwandeln, braucht es das ewige Stirb-und-Werde.

BEISPIELE

Im Kosmogramm des Psychiaters und ganzheitlichen Forschers ***Roberto Assagioli*** (1888–1974) steht der Transformationsplanet Pluto als Stressplanet (IV.18) vor der Spitze des 12. Hauses in Opposition zu Jupiter. Dieser visionäre Aspekt wird verstärkt durch die Sonne im Zeichen Fische mit einer Opposition (IV.6) zum Mond auf der senkrechten Hauptachse MC–IC. Diese und weitere spirituelle Anlagen ermöglichten es Assagioli, eine Synthese in der Psychologie herbeizuführen, die er „Psychosynthese" nannte. Mit diesem Modell wurde Assagioli weltbekannt und zu einem der Väter der transpersonalen und spirituellen Psychologie.

Das Radixhoroskop des Psychoanalytikers ***Fritz Riemann*** (1902–1979) zeigt Pluto am spitzen Ende einer großen Figur. In dieser Stellung hat der Planet eine intensive Wirkung. Weil alle Planeten der Figur an den Talpunkten (IV.15) stehen, wirken diese Kräfte – vom plutonischen Antrieb beflügelt – im spirituellen Bereich. Riemanns Forschungen Mitte des 20. Jahrhunderts waren für einen Psychoanalytiker revolutionär. Ihm gelang es, Psychotherapie und Astrologie meisterhaft miteinander zu verbinden.

Übersicht über besondere spirituelle Anlagen

Berufliche Ausrichtung
Uranus: Erfinder, astrologischer Psychotherapeut, Wissenschaftler, Forscher
Neptun: Künstler, Heiler, Musiker, Priester
Pluto: Psychiater, Psychotherapeut

Planetenverbindungen als Fähigkeiten
Uranus–Jupiter–Merkur: Schöpferische Intelligenz durch blitzartige Einfälle. Die uranische Intuition führt in neue Dimensionen hinein.
Neptun–Jupiter–Merkur: Intuitive, vorurteilsfreie Intelligenz; offen für Neues. Der Hang zur Gutgläubigkeit sollte transformiert werden.
Pluto–Jupiter: Eine intensive Sinnenwachheit ist besonders für visionäre Forschungen gegeben.
Pluto–Jupiter–Merkur: Der willensbetonte Verstand führt zu Brillanz im Denken.
Pluto–Merkur: Rhetorische Überzeugungskraft. Pluto wirkt übersteigernd in der Konjunktion; zwingt anderen seine Meinung auf.

Parapsychologische Fähigkeiten
Die transpersonalen und spirituellen Anlagen, oft auch „parapsychologische Fähigkeiten“ genannt, können im Horoskop sofort erkannt werden. Pluto ist daran als starke Kraft beteiligt und zeigt sich visionär im Bewusstsein des Menschen. Pluto kann diese Kräfte bei einem Konjunktions-, Oppositions- oder Quadrat-Aspekt intensiv aktivieren. Parapsychologische Fähigkeiten können Menschen in ihrem Leben aber auch auf Umwege führen:

Pluto–Mond: Hellfühlen
Pluto–Jupiter: Hellsehen
Pluto–Merkur: Hellhören

Die Aspektbild-Ebene

Unmittelbare spirituelle Wirkung der Anlagen

4. Aspekte zwischen Persönlichkeitsplaneten und spirituellen Planeten

Aspekte der drei Persönlichkeitsplaneten Saturn, Mond und Sonne zu den geistigen Planeten Uranus, Neptun und Pluto können eine spirituelle Entwicklung initiieren. Der Mensch ist hier gefordert, sich auf den spirituellen Weg zu begeben. Für Menschen, die mehrere dieser spirituellen Anlagen haben, ist es möglich große Fortschritte auf ihrem spirituellen Pfad zu machen. Rote Aspekte (siehe Abbildung 1, Seite 23) der Persönlichkeitsplaneten zu den spirituellen Planeten (siehe Abbildung 5, Seite 30) wie Oppositionen,

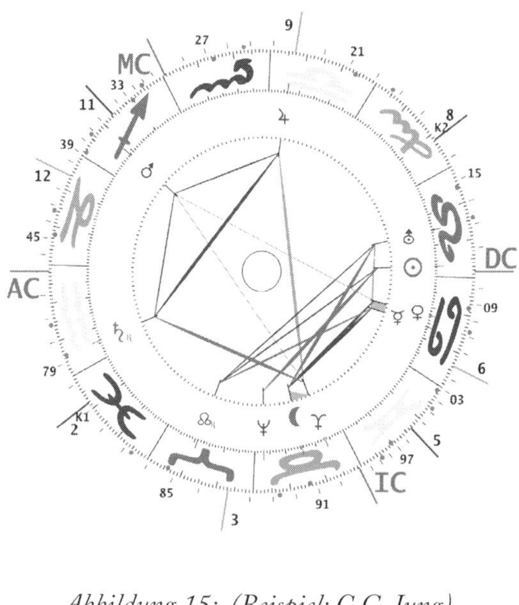

Abbildung 15: (Beispiel: C.G. Jung)

Quadrate und auch Konjunktionen bedingen eine ständige Läuterung des Ich durch Macht und Ohnmacht. Dieser Prozess kann Krisen hervorrufen, ist aber gleichzeitig mit großen Chancen verbunden. Durch die Transformation des Ich oder Ego auf dem spirituellen Weg kann ein enormer Wachstumsschub erfolgen.

BEISPIELE

Im Horoskop des Schweizer Psychiaters ***Carl Gustav Jung*** (1875-1961) haben alle drei Persönlichkeitsplaneten fast gradgenaue rote Quadrat-Aspekte zu den drei spirituellen Planeten. Hierunter finden sich ein Sonne-Neptun-Quadrat (Engagement und Liebe), ein Mond-Uranus-Quadrat (Kreativität und Intuition) und ein Saturn-Pluto-Quadrat (Wandlungsprozesse). Es ist fast unmöglich, dieses gewaltige psychologisch-geistige Potenzial auf längere Zeit zu verdrängen, ohne krank zu werden. Jung versank laut seiner Biografie von 1913 bis 1919 in eine Selbstreflexion; er durchlebte dabei eine „schöpferische Krankheit", ließ sich vom Unbewussten zum Teil überschwemmen. Auf diese Weise entstand durch tiefe Bewusstseinsprozesse eine dauerhafte Persönlichkeitsveränderung. In seiner Analytischen Psychologie nannte er diesen Prozess „Individuation". Die Intensität der Aspekte ließ Jung sein ganzes Leben hindurch eine geistige Entwicklung durchlaufen, die seine psychologischen Forschungen prägte.

Bruno Huber (1930–1999) hat in seinem Kosmogramm ähnlich wie C.G. Jung Aspekte zwischen allen Persönlichkeitsplaneten und den drei spirituellen Planeten: ein Sonne-Neptun-Quadrat (Helferwille) und ein Saturn-Uranus-Quadrat (Grenzen sprengen) sowie ein intensives Mond-Pluto-Trigon (große Gefühle). Diese Anlagen erklären Bruno Hubers hohe Motivation, im Bereich der astrologischen Symbolik und der Psychologie über Jahrzehnte hinweg nahezu im Alleingang unermüdlich zu forschen und so die Astrologische Psychologie zu kreieren.

Im Kosmogramm von ***Wolfgang Amadeus Mozart*** (1756–1791) finden wir eine Sonne-Neptun-Opposition (höchste Hingabe) und die gradgenaue Mond-Pluto-Konjunktion (intensive Gefühle). Diese beiden außergewöhnlichen Aspekte forderten Mozart seelisch und geistig in seiner ganzen Persönlichkeit heraus.

Im Radix des Forschers und Philosophen ***Jean Gebser*** (1905–1973) sind blaue Aspekte von allen drei Persönlichkeitsplaneten zu Uranus zu finden, besonders intensiv wirkt das Mond-Uranus-Trigon (Kreativität und Intuition). Er gilt als einer der Pioniere der Integralen Psychologie.

5. Quincunx-Aspekte

Mit dem 150-Grad-Aspekt können wir durch Denkprozesse Erfahrungen sammeln und Erkenntnisse gewinnen. Oft verbinden sich mit diesem Aspekt Unsicherheit und Unentschlossenheit, sodass eine tiefe Suche entsteht. Wir haben eine Sehnsucht und folgen ihr mit unseren Gefühlen so lange, bis wir am Ziel angelangt sind. Erst dann sind wir zufrieden. Am Anfang steht ein unbestimmtes Gefühl, das durch das Denken bestimmte Ergebnisse erreichen will. Der Wille wählt dabei ein Ziel aus, das mit aller Kraft angestrebt wird. Der Quincunx verkörpert einen wichtigen Aspekt der Willensbildung, der uns durch Erfahrungen innerlich reicher macht. Sein Einsatzbereich erstreckt sich je nach beteiligten Planeten von der instinktiven Ebene bis zur höchsten spirituellen Reife.

Anfang des 20. Jahrhunderts beginnt in der Entwicklung der Psychologie eine neue Dimension im Denken: Zu Gut und Böse gesellt sich eine dritte Dimension hinzu, die das Problem von einer höheren Warte aus betrachtet. Diese Qualität verkörpern besonders die grünen Aspekte (siehe Abbildung 1, Seite 23): Entscheidungskrisen können helfen, den richtigen Weg zu finden. Die Probleme können dabei durch bewusstes Denken gelöst werden.

Der Quincunx liegt zwischen dem Trigon (Blau) und der Opposition (Rot). Während der 120-Grad-Winkel jupiterhaft wirkt, vertritt der 180-Grad-Aspekt das harte saturnische Element – dazwischen liegt der Quincunx mit einem Winkelabstand von 150 Grad. Die vorhandene Spannung wird bei einem Quincunx durch Information überwunden. Durch Erfahrungen und deren Auswertung wird langfristig ein Entwicklungsprozess in Gang gesetzt. Menschen mit Quincunx-Aspekten suchen nach den Ursachen und forschen zusätzlich nach Ergebnissen. In einem längeren Denk- und Erkenntnisprozess suchen sie einen neuen sinnvollen Weg. Aus einer anfänglichen Projektion entwickelt sich mit der Zeit eine Vision. Das kann ein Weg der Umkehr sein.

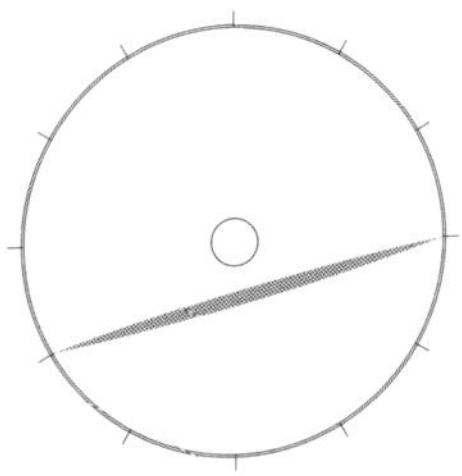

Abbildung 16: Quincunx

Grüne Aspekte öffnen uns für neues Denken, machen uns empfänglich. Damit können wir schnell die überlieferten starren Denkgebäude durchschauen und stoßen eine neue Entwicklung im Bewusstsein an. Ziel ist es, eine höhere Bewusstheit zu erreichen.

Die Quincunx-Aspekte verlaufen nahe am Mittelpunkt des Horoskops und nehmen dadurch antennengleich die Schwingungen des inneren Wesenskerns auf. Mit der Intuition können sie eine spirituelle Entwicklung des Menschen unterstützen. 150-Grad-Aspekte ermöglichen so die Transformation der Persönlichkeit. Mit dem Entwicklungsprozess mögen Krisen einhergehen. Zwei Quincunxe bilden mit einem Sextil zusammen eine Projektfigur, die im entwickelten Zustand „Fingerzeig Gottes" genannt wird (IV.7).

BEISPIELE

Im Kosmogramm von ***Johann Wolfgang von Goethe*** (1749–1832) finden wir einen Quincunx-Aspekt zwischen Mond im Widder im 5. Haus (impulsiv Gefühle erproben) und Venus im 10. Haus (ganzheitliche Schönheit und Perfektion als Berufung). Dieser 150-Grad-Aspekt vermittelte Goethe große Kreativität. Mit Jupiter im Zeichen Fische (Wohlwollen, Beliebtheit) und Pluto im 1. Haus (eine Mission erfüllen) ist dieser Aspekt in ein Viereck eingebunden. Diese Figur wird Bijou (IV.8) genannt und kann dem Menschen innere Schönheit und Vollkommenheit schenken. Johann Wolfgang von Goethe konnte diese Anlagen in seinem Leben verwirklichen. Er verwendete in seinen Werken eine Sprache von sonst kaum erreichter Vollendung (Mond, Jupiter, Neptun in einem markanten Dreieck). Seine Werke haben die Kultur des Abendlandes stark geprägt.

Im Kosmogramm der amerikanischen Talkmoderatorin ***Oprah Winfrey*** (geboren 1954) stehen fünf Planeten in Luftzeichen, dazu gehören die beiden Intelligenzplaneten Merkur und Jupiter (ganzheitliche Intelligenz). Weiter gibt es einen gradgenauen Quincunx von Pluto im Zeichen Löwe zu Mondknoten in Steinbock (Lösen von spirituellen Problemen). Außerdem befindet sich ein Mars-Pluto-Quadrat (Ansporn zum Tun) sowie ein Merkur-Uranus-Quincunx (intuitive Erkenntnisse) im Horoskop. Ein solches Potenzial mag die Herausforderung beinhalten, Schwierigkeiten mit großem Engagement zu lösen. Insgesamt stehen fünf Planeten am Talpunkt, das sind die beiden geistigen Planeten Uranus und Pluto sowie Mars, Merkur und Jupiter. Das bedeutet für diese Persönlichkeit: Die spirituelle Ausrichtung in ihrer Tätigkeit kann immer bedeutender werden. Im Frühjahr 2008 diskutierte Oprah Winfrey in ihrer Internet Community jeden Montagabend zehn Wochen lang weltweit live über Eckhart Tolles Buch *Eine neue Erde* [2], wobei sich ca. 1 Million Menschen aus aller Welt per Skype zuschalteten. Inzwischen werden *Eine neue Erde* und Tolles Buch *Jetzt!* in den amerikanischen Supermärkten neben der Biografie von Obama angeboten.

Im Horoskop von ***Barack Obama*** (geboren 1961) gibt es ebenfalls einen gradgenauen Saturn-Uranus-Quincunx. Eine seiner Hauptaufgaben scheint darin zu bestehen, Altes (Saturn) mit Neuem (Uranus) zu verbinden, um dabei Grenzen zu sprengen. Obama sagte: „We will change."

6. Oppositionen als innere Kraftquellen

Bei der Opposition stehen sich im Horoskop zwei Planeten genau gegenüber. Zwischen den beiden Planetenkräften entsteht dadurch eine innere Spannung, die der Thematik der Häuserachse entspricht. Dieser 180-Grad-Aspekt wird der Planetenqualität von Saturn zugeordnet. Saturn steht für Sicherheit und zugleich für Härte. Oft bleibt der Mensch bei einer Opposition an einem extremen Pol hängen. Er lehnt den Gegenpol ab, verdrängt ihn und fühlt sich dann in der Folge von der anderen Seite abgetrennt. Das führt zu einer Blockierung. Der Betreffende ist nicht bereit, sich auf größere Herausforderungen wie eine Weiterentwicklung im Bewusstsein einzulassen. Er projiziert die Schuld nach außen auf die anderen und daraus entstehen oft zwangsläufig Auseinandersetzung und Konflikt.

Im Laufe seines Lebens mag dieser Mensch jedoch offener werden und den entgegengesetzten Standpunkt hinterfragen. Mit stärker werdendem Selbstvertrauen löst er irgendwann die Handbremse, die er vorher aus Angst fest angezogen hat, und die Kräfte kommen so wieder ins Fließen.

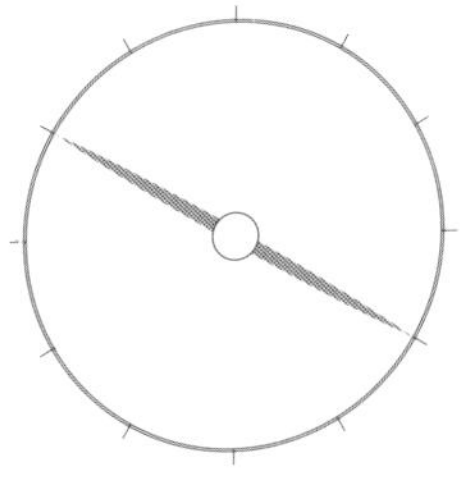

Abbildung 17: Opposition

Wenn der Betreffende kontinuierlich an sich arbeitet, wird er gelassener, lernt, zu seinen unbewussten Kräften zu stehen, geht über das Schwarz-Weiß-Denken hinaus und sieht: Die Welt ist bunt und vielfältig. Hier liegt die Entwicklungschance darin, die Verdrängung bewusst zu machen und die gestauten Kräfte zu transformieren. Dieser Prozess mag mit viel Schmerz verbunden sein. Wird die mit einer Opposition verbundene Verletzung – besonders bei den weichen Planeten Mond, Venus und Neptun – in ihrer Tiefe erkannt und zugelassen, kann sich die Verhärtung, die daraus entstanden ist, auflösen.

Vom Entweder-oder zum Sowohl-als-auch

Eine Opposition geht durch den innersten Kern, durch die Horoskopmitte, und bringt den Menschen in Verbindung mit seinen innersten Schichten. Der Betreffende spürt den Widerstreit der Gefühle tief in sich. Die Verdrängung, verursacht durch eine Opposition, führt von der Blockierung über die Polarisierung zu einer Entweder-oder-Haltung. Gelingt es jedoch, sich das Thema der Häuserachse bewusstzumachen, kann das zur Überwindung des Gegensatzes führen. Das Entweder-oder wird dann zum Sowohl-als-auch.

Wer sein oft egoistisches Verhalten erkennt, dem wird es möglich, die Polarität zu überwinden. Aufdeckende spirituelle Praktiken können hier eine große Hilfe sein, um den inneren Druck und die Blockaden zu lösen. Neueste medizinische Forschungsergebnisse zum Thema „Meditation" zeigen, dass diese zu innerer Entspannung führen und den Blutdruck sinken lassen. Dieses Sich-nach-innen-Wenden gibt dem Menschen innere Stärke und lässt ihn den Weg zu seiner Mitte finden.

Wenn sich die beschriebenen Spannungen nicht so schnell lösen, hat das meist mit karmischen beziehungsweise tiefer sitzenden Problemen zu tun. Diese verursachen Angst, die nur mit Aufmerksamkeit und Geduld sowie stetem Bemühen überwunden werden kann. Eventuelle Rückschläge sollten uns nicht entmutigen, sondern die Verdrängung durch den länger andauernden inneren Prozess bewusst machen. Frühe Erlebnisse, die zu diesen Schwierigkeiten geführt haben, können dann ins Bewusstsein aufsteigen und sich auflösen. Manchmal findet durch eine tiefe Krise eine umfassende Veränderung von Denken und Fühlen statt.

Die blockierte Energie der Opposition kann durch den Lösungsprozess in eine schöpferische Energiequelle umgewandelt werden und Durchhaltevermögen schenken. Der Mensch wird in solchen Situationen meist direkt von seinem inneren göttlichen Kern geführt. Aspekte, die sich an die Opposition anschließen, mögen dazu beitragen, den Druck des starren 180-Grad-Aspektes zu senken. Oppositionen im Kosmogramm stellen eine große Herausforderung dar, denn sie bestimmen häufig die Lebensaufgabe eines Menschen.

BEISPIELE

Der Philosoph ***Friedrich Nietzsche*** (1844–1900) hat in seinem Kosmogramm drei starke Oppositionen. Als Philologe war er ein glänzender Essayist, der mit seinem intuitiven aktiven Verstand (exakte Merkur-Uranus-Opposition) bedeutende Aphorismen schuf. Er gilt als Meister der aphoristischen Kurzform und der mitreißenden Prosa. In einem faustischen Ringen um Wille und Macht (genaue Sonne-Pluto-Opposition) gestaltete Nietzsche ungewöhnliche Sprachschöpfungen. So trägt sein Hauptwerk den Titel *Der Wille zur Macht*. Die Mars-Jupiter-Opposition impliziert ein gewisses Geschick zum Handeln.

Im Kosmogramm des amerikanischen Präsidenten ***Barack Obama*** (geboren 1961) stehen sich Jupiter und Merkur in einer starken Opposition auf der Existenzachse gegenüber. Dieser Aspekt fördert eine ganzheitliche Intelligenz. Es heißt über ihn: „Er schaut hin und differenziert sehr gut.“ Die Sicherheit in der richtigen Einschätzung von Menschen und Handlungen ist wichtig in einer verantwortlichen Position. Diese Anlage fördert ein gesundes Selbstvertrauen.

In den 1960er und 1970er Jahren galt ***Hans Küng*** (geboren 1928) als großer „Kirchenkritiker" (starker Mars-Pluto-Quincunx). Seine Auseinandersetzung mit der katholischen Kirche führte 1979 dazu, dass man ihm seine kirchliche Lehrerlaubnis entzog. Mit der Mond-Neptun-Opposition (Liebe und Hingabe) auf der veränderlichen Existenzachse 6–12 sowie den drei Planeten Sonne, Venus und Merkur im Zeichen Fische am DC kann aus Küngs Entscheidung, Priester zu werden, geschlossen werden, dass das seiner Lebensaufgabe entspricht. Seine große Liebe zur Religion ließ ihn nicht ruhen. So wurde er Initiator und Präsident der Stiftung „Weltethos". Das Parlament der Weltreligionen verabschiedete 1993 in Chicago eine „Erklärung zum Weltethos", die von Hans Küng entworfen worden war. Dort verständigten sich Vertreter aller Religionen zum ersten Mal über Leitlinien einer Weltethik.

In den Kosmogrammen der nachstehend genannten Persönlichkeiten finden sich ebenfalls gradgenaue Oppositionen. Mit dieser besonderen Anlage erschließt sich der Blick auf die Lebensaufgabe und Berufung dieser Persönlichkeiten:

Der Rennfahrer ***Michael Schumacher*** (geboren 1969) wählte eine Beruf, der ihm ungewöhnliche Herausforderungen abverlangt und bietet (gradgenaue Uranus-Mondknoten-Opposition) und der ihn oft an seine Grenzen führte.

Die tiefe Religiosität der Ordensleiterin ***Mutter Teresa*** (1910–1997) ist in ihrem Horoskop durch die starke Uranus-Neptun-Opposition (Religion und Spiritualität) deutlich sichtbar, wobei die beiden Planeten zusätzlich im Stressbereich stehen (IV.18).

Pablo Picasso (1881–1973) hatte ein großes Talent, ganzheitlich wahrzunehmen, und einen direkten Zugang zur Ebene der Symbole (Jupiter-Merkur-Opposition).

Im Kosmogramm des indischen Gurus ***Osho*** (1931–1990) ist eine gradgenaue Saturn-Pluto-Opposition (Tradition und Erneuerung) zu sehen. In seinem Leben durchlief er bedeutende Wandlungsprozesse.

Annette Kaiser (geboren 1948), ***Eva Kaletsch-Lang*** und ***Gabriele Böhm*** haben in ihren Kosmogrammen eine gradgenaue Jupiter-Uranus-Opposition (Originalität und Intuition) gemeinsam. Sie gelten als geistig wache, spirituelle Frontfrauen.

7. Projektdreieck oder Fingerzeig Gottes

Das Projektdreieck ist ein gleichschenkliges, spitzwinkliges Dreieck mit einem Sextil als Grundlinie. Es umschließt den inneren göttlichen Kern des Menschen, symbolisiert durch die Mitte des Horoskops. Dieses Dreieck ist für eine spirituelle Entwicklung wichtig. Es erhält aus dem inneren Zentrum durch die beiden grünen, sensitiven Quincunx-Aspekte Hinweise, die Denkprozesse anregen. Diese 150-Grad-Aspekte eignen sich als empfindliche Antennen besonders zur Entfaltung des Bewusstseins. Eine große Bedeutung hat der Planet an der Spitze der Figur: Er bestimmt die Richtung und setzt das Ziel für die Bewusstheitsarbeit.

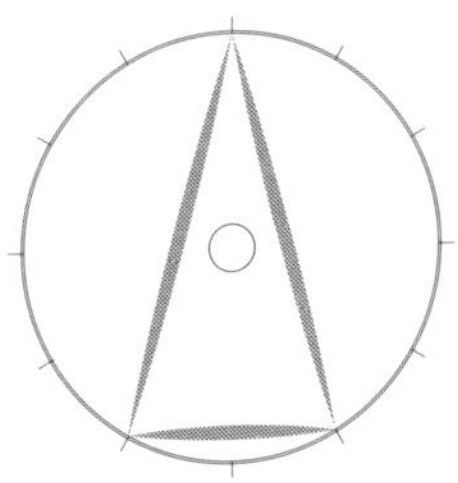

Abbildung 18: Projektdreieck

Der Prozess der „Projektionsfigur", wie diese Figur in der ersten Entwicklungsstufe genannt wird, läuft in umgekehrter Weise ab. Dabei projiziert der Planet an der Spitze seine Qualität über die beiden grünen Quincunx-Aspekte auf das blaue Sextil, das als Leinwand auf der anderen Seite des Horoskops fungiert.

Dieser Vorgang der Projektion schließt auch die Planeten mit ein, die sich im Bereich des Sextils zwischen den beiden Basisplaneten befinden. Dieser Vorgang kann mit einer Filmprojektion verglichen werden: Innere Bilder oder Gedankenabläufe werden immer wieder auf die Leinwand projiziert, um dem Bewusstsein zugängig zu werden. So gibt es zwei Positionen: Entweder wir sind unmittelbar mit dem Geschehen identifiziert und freuen uns oder leiden mit. Oder wir betrachten das Geschehen als neutrale Beobachter, dann hört die Identifikation auf und die Vorgänge erschließen sich unserem Bewusstsein in einer erweiterten Perspektive. Der individuelle Prozess der Persönlichkeitsentwicklung verläuft ähnlich: Während der Kind- und Jugendzeit geschehen die Prozesse eher unbewusst. Später mag das Projektdreieck einen tiefgehenden inneren Prozess auslösen, der durch Krisen dazu führt, dass das Thema bewusst erlebt wird, und so einen Wandlungsprozess initiiert.

Die Wirkungsweise der grün-blauen Projektionsfigur wird auf diese Weise im Laufe der spirituellen Entwicklung in die eines bewusst gesteuerten Projektdreiecks umgewandelt und kann uns voranbringen. Eine umfassende Bewusstseinsschulung fördert diesen kreativen Prozess und lässt den Menschen wach werden. Alle noch bestehenden Unsicherheiten und Sehnsüchte werden überwunden. Diese Entwicklung kann allerdings längere Zeit in Anspruch nehmen – sich sogar über das ganze Leben erstrecken. Eine wichtige Voraussetzung für jede spirituelle Entwicklung ist, dass wir die volle Verantwortung für unser Tun übernehmen und nicht mehr nach Schuldigen im Außen suchen. Solange wir in dieser Haltung gefangen sind, projizieren wir über das Projektdreieck unbewusst auf andere. Halten wir dagegen inne und nehmen diesen Vorgang als Beobachter von außen wahr, lösen wir Verwirrungen, können Projekte in Angriff nehmen und selbstverantwortlich gestalten.

Der Fingerzeig Gottes

Bei einem Projektdreieck sind immer die drei Kreuze kardinal, fix und veränderlich beteiligt, wobei drei verschiedene Zeichenqualitäten als innere Ausrüstung zur Verfügung stehen. Sind die Persönlichkeitsplaneten Sonne, Mond und Saturn betroffen, so fühlen wir uns mit den Abläufen unmittelbar verbunden. Die geistigen Planeten, die sich in einer Projektfigur befinden, fordern und fördern unsere spirituelle Entwicklung. Diese Figur besitzt ein großes Potenzial, um einen Menschen herauszufordern und in der Tiefe seiner Seele zu verändern. Alle falschen Vorstellungen werden durch Loslassen transformiert.

Das Hauptthema der Projektionsfigur beinhaltet die Häuserachse mit dem Planeten an der Spitze. Die Kräfte zielen an die Spitze des Dreiecks – ähnlich wie bei einem Spannungsherrscher (IV.9).

Wird das Projektdreieck durch den Alterspunkt (IV.19) aktiviert, können Krisen entstehen. Diese fordern den Betreffenden auf, die spirituelle Dimension der „Yodfigur", wie diese Figur auch genannt wird (von hebräisch „Hand"), durch Sich-nach-innen-Wenden zu erschließen. Das Gleiche trifft für Transite zu. Im Außen kann man in verschiedenen Projekten – je nach Häuserachse und beteiligten Planeten, besonders dem Zielplaneten an der Spitze – tätig werden. Nach einer längeren Zeit der Reifung mag eine grundlegende Wandlung des Bewusstseins geschehen sein. Übernimmt der Mensch in der evolutionären Entwicklung ein wichtiges Projekt, wird er von der universellen göttlichen Energie in der Durchführung unterstützt. Tätigkeiten, die im Dienste der Allgemeinheit stehen, schenken ihm Durchhaltevermögen, mit dem er der göttlichen Weisheit in sich näherkommt. Menschen mit dieser Horoskopkonstellation können als Berater, Lehrer oder in anderen wichtigen Funktionen dieses Wissen weitervermitteln. So wird diese Figur auch „Fingerzeig Gottes" genannt, weil sie uns dem Göttlichen näherbringen kann.

BEISPIELE

Die außergewöhnlichen Anlagen des Physikers ***Albert Einstein*** (1879–1955) werden vor allem durch das Projektdreieck und durch den Spannungsherrscher Uranus geprägt. Der revolutionäre Planet Uranus steht an der Spitze des Dreiecks nahe der Zeichengrenze (IV.11), was Einsteins schöpferische Intelligenz und seinen Forschergeist noch potenziert. Sein Leben lang hat die Projektfigur mit Uranus an der Spitze Einstein herausgefordert und ihn der göttlichen Weisheit nähergebracht.

Die Querdenkerin und als Erfolgscoach tätige ***Gabriele Böhm*** sucht Herausforderungen in ihrem Leben, wobei sie die Spiritualität bereits seit Kindertagen begleitet (Projektdreieck mit Pluto an der Spitze im 12. Haus). ***Eva Kaletsch-Lang***, Psychotherapeutin und Trainerin, sucht ebenfalls Verantwortung, wobei Individuation und Berufung im spirituellen Bereich wichtig sein können (Projektfigur mit Pluto an der Spitze im 10. Haus).

8. Bijou

Das Bijou-Viereck besitzt mit zwei blauen Aspekten viel Harmonie und Substanz, während es mit drei grünen Linien wach und einfühlend wirkt. Ein Mensch mit einer solchen Aspektkonstellation ist beliebt und wird wegen seiner Weisheit als Vermittler geschätzt. Mit der roten Opposition kann im Innern eine ganzheitliche und spirituelle Entwicklung in Bewegung gesetzt werden,

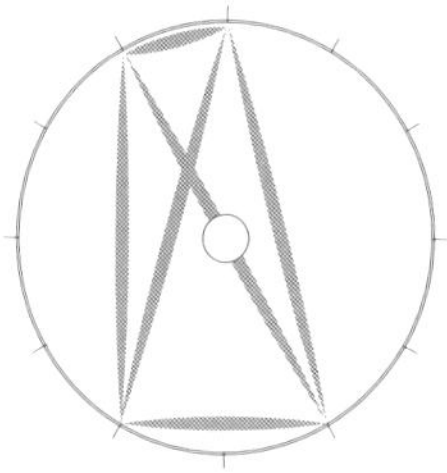

Abbildung 19: Bijou

sodass dieser Mensch nach einem inneren Entwicklungsprozess zu seinen spirituellen Fähigkeiten finden kann, die er im Außen harmonisch umsetzt. Die Aspektfigur des Bijou kann die Schönheit und Vollkommenheit der Seele darstellen.

BEISPIELE

Der französische Schriftsteller und Flieger ***Antoine de Saint-Exupéry*** (1900–1944) hat eine Bijou-Figur in seinem Kosmogramm. Als Pilot und Aufklärungsflieger im Zweiten Weltkrieg hatte er große Herausforderungen zu bewältigen (gradgenauer Saturn-Mars-Quincunx), wobei ihn die harmonische Bijou-Figur unterstützten konnte. Saint Exupéry fühlte sich dem Dienst am Menschen verpflichtet durch Brüderlichkeit (Mond vor der Spitze des 12. Hauses im Stressbereich) und Pflichtbewusstsein (Saturn vor der Spitze des 5. Hauses im Stressbereich). Er gilt als einer der bedeutendsten Vertreter der modernen Literatur (Mond-Merkur-Konjunktion im Stressbereich [IV.18] des 12. Hauses [IV.17] im Zeichen Löwe). Seine Literatur berührt mit einfachen Worten die Herzen der Menschen (Mond im Stressbereich). Das Leben schenkte ihm die Fähigkeit, seine Umgebung ganzheitlich wahrzunehmen und seine Erlebnisse in seinen Büchern zum Ausdruck zu bringen (exaktes Merkur-Jupiter-Trigon). In seinem Heimatland gilt er als der meistgelesene Romanautor. Antoine de Saint-Exupérys wohl berühmteste Erzählung ist *Der kleine Prinz*. Der Satz: „Man sieht nur mit dem Herzen gut. Das Wesentliche ist für die Augen unsichtbar“, wurde zu einem der bekanntesten Zitate der Weltliteratur.

Im Kosmogramm des integralen Philosophen ***Ken Wilber*** (geboren 1949) dominiert eine Bijou-Figur. Er ist ein großer Denker, der sich sehr gut ausdrücken kann (Sonne-Merkur-Konjunktion). Oft gelangt er mit seinen Anstrengungen an Grenzen (gradgenaue Mars-Pluto-Opposition). Die Aspekte der Persönlichkeitsplaneten Sonne und Mond zu den spirituellen Planeten Pluto und Neptun (IV.4) können Transformationsprozesse auslösen, wobei sich zeitweise ein inneres Geführtsein (exaktes Mars-Neptun-Trigon) einstellen kann. Die Planeten Neptun und Pluto können längerfristig eine ganzheitliche und integrale sowie spirituelle Ausrichtung bewirken. Die Sonne-Pluto-Opposition fordert einen transformativen Prozess des Ich (Sonne), der von der umschließenden Figur des Bijou unterstützt wird. Uranus (IV.15) am Talpunkt kann intensive spirituelle Durchbrüche ermöglichen. Als unaspektierter Planet ist er oft schwer zu steuern, es sei denn, er wird für eine spirituelle Entwicklung genutzt.

Das Kosmogramm des Coachs und Systemaufstellers ***Peter Klein*** (geboren 1969) zeigt ebenfalls eine Bijou-Figur, die eine gute Grundlage sein kann für seine spirituelle Entwicklung.

Spirituelle Wirkung der geistigen Planeten

9. Der Spannungsherrscher

Wir bezeichnen einen Planeten als „Spannungsherrscher", wenn er allein auf einer Horoskopseite steht und durch mehrere Aspekte mit den auf der anderen Seite stehenden Planeten verbunden ist. Die Winkel der Aspekte, die auf ihn zulaufen, müssen dabei spitzer als 90 Grad sein. Der Spannungsherrscher überlagert gewissermaßen die anderen Planeten mit seinem Einfluss. Dieser Planet kann die anderen bestimmen und so mächtig sein wie die gesamte Gruppe der restlichen, ihm gegenüberstehenden neun Planeten.

So will dieser dominierende Planet oft die gesamten Funktionen der anderen Planeten übernehmen. Durch diese Stellung entsteht eine Spannung, die für den einzeln stehenden Planeten eine Herausforderung darstellt. So will die Sonne zum Beispiel die Rolle von Mond oder Venus spielen und Mond imitiert die Härte von

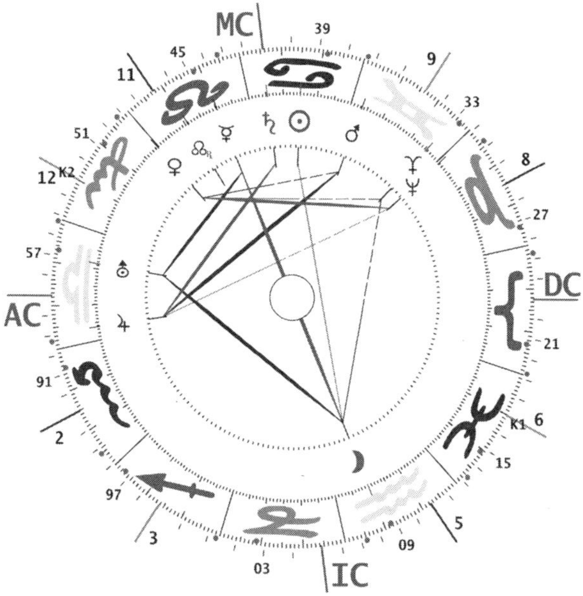

Abbildung 20 (Beispiel: Marc Chagall)

Mars. Aber meist reicht die Energie des einzeln stehenden Planeten hierfür nicht aus. Der Spannungsherrscher ist als dominanter Planet zu betrachten, der oft ein Ungleichgewicht entstehen lässt. Menschen mit einem Spannungsherrscher in ihrem Horoskop haben die Aufgabe, diese Situation zu meistern. Ein Spannungsherrscher hebt sich immer vom übrigen Bild des Horoskops ab und besitzt dadurch eine Sonderstellung.

Der Spannungsherrscher als Brenn- oder Fokuspunkt

Von einem typischen Spannungsherrscher sollten auf jeden Fall drei oder mehr Aspekte ausgehen. Man kann seine Funktion mit einem Brenn- oder Fokuspunkt vergleichen, der das Hauptthema im Leben thematisiert, indem er die gesamte Energie bündelt. So ist die Stellung eines Spannungsherrschers im Horoskop immer eine Herausforderung.

Durch die Fokussierung der Fähigkeiten hat dieser Planet eine herausragende Bedeutung im wahrsten Sinne des Wortes. In dieser Funktion kann der Planet eine besondere Begabung entwickeln, indem er die Fähigkeiten der anderen Planeten herausfordert und für seine Entwicklung einsetzt, um sein eigenes Ziel zu erreichen. Da die meisten Probleme beim Spannungsherrscher an der Spitze der Figur zusammenlaufen, können sie von dort aus auch gut gelöst werden.

Der Spannungsherrscher als Wagenlenker

Harte Planeten wie Sonne, Mars, Pluto, Uranus und Saturn können als Spannungsherrscher mit dieser gebündelten Energie gut umgehen. Anders ist es jedoch bei den weichen Planeten Mond, Venus und Neptun. Hier tritt normalerweise eine Überforderung ein. Findet der Betreffende jedoch seine für ihn bestimmte Aufgabe im Leben, kann er in diesem Bereich Außerordentliches leisten. Die Kraft des Spannungsherrschers darf nicht unterschätzt werden. Seine Bedeutung ist viel größer als zum Beispiel die eines Schattenplaneten (IV.18) oder eines Planeten, der an einer der Hauptachsen steht. Während der Planet an der Hauptachse durch die Umwelt unterstützt wird, hat man den Spannungsherrscher als Anlage schon mitgebracht.

Die besondere Situation eines Spannungsherrschers kann man mit der eines griechischen Wagenlenkers vergleichen, der mit großer Disziplin auf seinem Gefährt bis zu neun Pferde bei einem Rennen zu führen hat. Dieses Gespann sollte so geschickt organisiert sein, dass der Wagenlenker das Ziel erreicht, ohne die Kontrolle zu verlieren. Die Aufgabe der Menschen, die diesen Aspekt in ihrem Horoskop haben, ist es, die wirklichen Kräfte der gegenüberstehenden Planeten so zu entwickeln, dass sie vom Spannungsherrscher problemlos geführt werden können.

Der spirituelle Weg als Lösung

Die spirituelle Entwicklung eines Menschen kann die Probleme des Spannungsherrschers lösen. Wenn im Radix erkannt wird, welche Lebensaufgabe im persönlichen Horoskop erfüllt werden soll, ist das eine große Erleichterung. Das Ego zu erkennen und zum Selbst zu transformieren ist der wichtige Schritt. Dafür ist oft ein längerer Entwicklungsprozess erforderlich. Im Horoskop zeigt der Spannungsherrscher über das Aspektbild fast immer die Lebensaufgabe und Berufung des Menschen. Das Thema des entsprechenden Hauses weist dabei auf den wichtigen Bereich im Leben des betreffenden Menschen hin.

BEISPIELE

Im Horoskop des russisch-französischen Malers ***Marc Chagall*** (1887–1985) ist der Mond als Spannungsherrscher am Talpunkt des kardinalen und impulsgebenden 4. Wasserhauses (Familie und Herkunft) zu sehen. In seinem Künstlerleben konnte er dieses Potenzial optimal einsetzen. Der Mond symbolisiert im Aspektbild sein kindliches Gemüt. Die oft fantastisch-religiösen Bilder sprechen die Gefühle der Menschen an. Mit vier Talpunkt-Planeten (IV.15) und zwei Planeten an Zeichengrenzen (IV.11) wurde Chagall eine sensitive künstlerische Anlage geschenkt. So war es ihm möglich, in seinen Werken seine Gefühle und Träume aus der Kindheit auszudrücken. Entsprechend der gradgenauen Mond-Merkur-Opposition sagte Chagall: „Malen ist mein Gebet“, wobei das ebenfalls exakte Jupiter-Mars-Trigon sein handwerkliches Geschick und seine unermüdliche Schaffenskraft symbolisieren.

Der Physiker ***Albert Einstein*** (1879–1955) erhält in seinem Kosmogramm durch den dominanten Spannungsherrscher Uranus nahe der Zeichengrenze optimalen Zugang zu seinen inneren intuitiven Energien. Besonders in seinem sogenannten Wunderjahr 1905 revolutionierte er in einer Veröffentlichung über die Relativitätstheorie auf wenigen Seiten die gesamte Physik.

Im Radix des Psychoanalytikers ***Sigmund Freud*** (1856–1939) nimmt Mars am IC als Spannungsherrscher die stärkste Position ein. Dieser kämpferische Planet hat den Psychiater als mutigen Wagenlenker Anfang des letzten Jahrhunderts durch viele Widerstände geführt. Weiterhin führte der Planet der männlichen Libido dazu, dass die sexuellen Triebe für Freud eine große Bedeutung in seiner psychologischen Lehre einnahmen. Dieser extreme Ansatz in der Psychoanalyse wurde später von Nachfolgern wieder abgemildert.

10. Losgelöste Planeten

Planeten, die nicht an ein Aspektbild angeschlossen sind, werden als „losgelöste", „unaspektierte Planeten" oder als „Singles" bezeichnet. Sie haben besondere Eigenschaften: Ein allein stehender Planet untersteht nicht unserem Willen und ist so nicht verlässlich für den betreffenden Menschen verfügbar. Dieser Planet behält allerdings auf der anderen Seite seine wahre Natur, da er von keinem anderen aspektierten Planeten beeinflusst wird. Da er aber an kein Aspektbild angeschlossen ist, bleibt sein Potenzial im Allgemeinen unbekannt. So erlebt man diese Planetenqualität als nicht integrierten Anteil im Bewusstsein. Die Qualität dieses losgelösten Planeten kann mit einem Wildpferd verglichen werden, das sich schwer bändigen lässt. Wird dieser Planet vom kardinalen Willen gesteuert, bedeutet das gleichfalls, dass er nicht leicht zu lenken ist. Ein Single in der Nähe einer Häuserspitze ist von außen bestimmt, während er am Talpunkt von innen her erschlossen werden kann. Forschungen zeigen, dass sich Menschen entsprechend der losgelösten Planeten in ihrem Horoskop in ihrer Einzigartigkeit

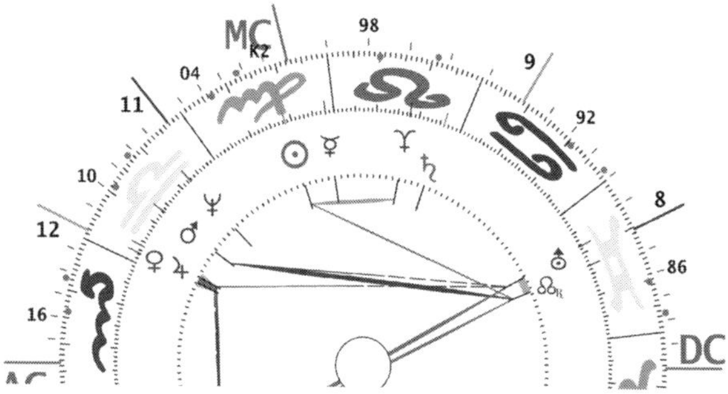

Abbildung 21 (Beispiel: Liz Greene)

entwickeln konnten. Gerade die losgelösten Planeten waren es, die ihre außerordentliche Begabung freilegen konnten. Diese unterstützten sie bei ihrem Streben nach Vollkommenheit. So können diese Planeten oft profilgebend sein und für die berufliche Entwicklung eingesetzt werden. Für den Umgang mit diesen Kräften ist die nachfolgende Aufstellung aufschlussreich:

Losgelöste Planeten nach den drei Ebenen der Planetentafel
(siehe Abbildung 5, Seite 30)

- *Ist der Single einer der Persönlichkeitsplaneten Sonne, Mond und Saturn*, so kann der Betreffende unmittelbar und mühelos von der einen Rolle in einc andere wechseln, ohne dass es ihm bewusst ist. Was er in einer Tätigkeit gelernt hat, ist allerdings nur schwer übertragbar auf andere Situationen. Losgelöste Planeten wirken deshalb oft in einem autonomen Ablauf, solange sie nicht in ihrer besonderen Funktionsart als Singles erkannt werden.
- *Ist der Single einer der kreatürlichen Planeten Venus, Mars, Merkur und Jupiter*, so kann seine Wesenskraft Probleme

verursachen, weil sie nicht an das Bewusstsein angeschlossen ist. Ein allein stehender Planet mag unausgeglichen, manchmal zu stark, dann wieder zu schwach reagieren. Er ist oft nicht zuverlässig zu steuern und kann deshalb nicht bewusst eingesetzt werden.

- Dieser unaspektierte Planet funktioniert zum einen für sich allein, zum anderen wird er oft an andere Menschen wie Partner etc. delegiert, ist dadurch von äußeren Einflüssen abhängig und der bewussten Kontrolle des Betreffenden nahezu entzogen. Besonders wenn dieser Planet an einer Häuserspitze steht, besteht die Gefahr, dass man von anderen ausgenutzt wird.
- *Ist der Single einer der spirituellen Planeten Uranus, Neptun und Pluto,* so steht ein einmaliges geistiges Potenzial zur Verfügung, um auf einem spirituellen Weg vorauszugehen, wie es nachfolgend beschrieben wird.

Die spirituelle Entwicklung

Da ein unaspektierter Planet nicht an die Aspektstruktur des Bewusstseins angeschlossen ist, kann er, wie oben beschrieben, auch nicht bewusst beeinflusst werden. So ist er bei spirituellen Entwicklungsprozessen schneller wandelbar. Er ist von der Aspektbild-Struktur des Bewusstseins losgelöst. Bei einer spirituellen Entwicklung ändert sich für diesen Planeten die Situation grundlegend. Er wirkt autonomer und kann ohne Ablenkung durch andere Planeten voll für den Transformationsprozess des Ego eingesetzt werden. Dieser Planet dient dann ganz der spirituellen Entwicklung. Dabei zeigt sich seine einmalige Begabung, die – im Horoskop sofort sichtbar – zur Reifung der Persönlichkeit entscheidend beitragen kann.

Unaspektierte Planeten am Talpunkt im Haus oder an der Zeichengrenze fördern bei einem Sich-nach-innen-Wenden die spirituelle Entwicklung.

BEISPIELE

Teilhard de Chardin (1881–1955) hat in seinem Kosmogramm Pluto als Single, das heißt unaspektiert und stark stehend nahe der Spitze des 12. Hauses (IV.17). Der Planet motiviert diesen Menschen tief, das Ich-Bild zu transformieren. Der französische Evolutionsphilosoph hatte bereits in den 1920er Jahren visionäre Ideen zur Reform der christlich-katholischen Theologie und zur Begründung einer neuen Weltsicht. Die Kirche belegte ihn jedoch jahrzehntelang bis zu seinem Tod 1955 mit Verboten in Bezug auf seine Lehrtätigkeit und seine Publikationen.

Im Radix der englischen Autorin ***Joanne K. Rowling*** (geboren 1965) steht ein losgelöster Merkur, der Informationen sammelt und verarbeitet. Er schenkt ihr ein ausgesprochenes Talent sowie Souveränität beim Schreiben – frei von jeder Beeinflussung durch andere Planeten. Ihre *Harry Potter*-Romane sind weltweit Bestseller.

Im Horoskop der astrologisch-psychologischen Schriftstellerin ***Liz Greene*** (geboren 1946) steht Merkur als losgelöster Planet nahe der Sonne vor dem MC (Schreibtalent) im Zeichen Jungfrau, das bekannt ist für seinen Fleiß und seine Genauigkeit. Mit dem losgelösten Saturn im eingeschlossen Löwe (Sicherheit suchen) im oben stehenden 9. Haus bleibt sie der traditionellen Astrologie sowie der Psychologie von C.G. Jung verbunden. Ihre Bücher wurden in viele Sprachen übersetzt.

Die Zeichen-Ebene

Unmittelbare spirituelle Wirkung der Anlagen

11. Planeten an der Zeichengrenze

Planeten an den Zeichengrenzen in den Bereichen von 0 bis1 Grad und von 29 bis 30 Grad sind besonders wichtig. Sie beinhalten einen direkten Zugang zur spirituellen Quelle in der Horoskopmitte und verstärken die nach innen wirkenden Energien. Planeten, die in solchen Positionen stehen, können eine spirituelle Entwicklung unterstützen. Hier gibt es besonders bei den Feuer- und den Wasserzeichen einen leichten Zugang zum inneren Wesenskern. Spezielle meditative Übungen wirken auf Planeten an der Zeichengrenze besonders stabilisierend.

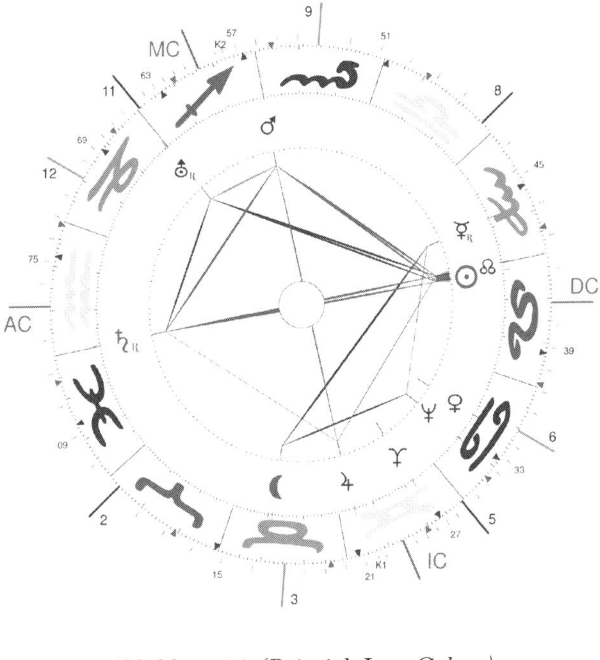

Abbildung 22 (Beispiel: Jean Gebser)

Wer mehrere Planeten an den Zeichengrenzen positioniert hat, die in seinem Leben und Beruf stark im Außen wirken, ist in seiner Gesundheit labil und muss gut auf sich achten, um sich nicht zu überfordern. Ausgebranntsein ist heute gerade bei Menschen in sozialen

Berufen – wie bei Lehrern, Psychotherapeuten und Ärzten – häufig anzutreffen. Im Horoskop kann eine solche Neigung schnell erkannt werden. Ganzheitliche Lebensberater, Psychologen und Ärzte könnten in einem Kosmogramm wertvolle diagnostische und therapeutische Hinweise finden. Sie können rechtzeitig Vorsorge treffen, um Herzinfarkt, Schlaganfall, degenerativen Erkrankungen und Erschöpfung vorzubeugen. Diese Krankheiten nehmen in den letzten Jahren sehr zu. Sie sind eine Folge der nahezu ausschließlichen Außenorientierung des Menschen in unserer Konsumgesellschaft, der ständigen mentalen Überaktivität und der fehlenden Regenerationszeiten.

Die Qualität der Planeten an den Zeichengrenzen entspricht etwa der der Planeten an den Talpunkt-Stellungen im Haus (IV.15). Diese Zusammenhänge geben auch einen Hinweis auf die wachsende Orientierungslosigkeit in unserer Zeit.

Die Grenze zwischen den Zeichen Fische und Widder wird als „kosmische Spalte" bezeichnet. Planeten, die dort stehen, haben für den Betreffenden oft eine herausragende symbolische Bedeutung in Bezug auf Anfang und Ende – Leben und Tod.

BEISPIELE

Im Horoskop des Dichters ***Rainer Maria Rilke*** (1875–1926) bilden die vier Planeten einschließlich Neptun an den Zeichengrenzen ein Viereck (Rückzug und nach innen). Rilke versuchte mit dieser sowie vielen anderen spirituellen Anlagen, die in diesem Buch beschrieben werden, in seiner Arbeit in der Stille den Sinn des Lebens zu entschlüsseln. Er schuf ein einmaliges literarisches Werk.

Im Kosmogramm der schweizerisch-amerikanischen Ärztin ***Elisabeth Kübler-Ross*** (1926–2004) steht der intuitive Forscherplanet Uranus genau an der kosmischen Spalte zwischen Fische und Widder. Sie führte in ihrer Tätigkeit in großem Rahmen außergewöhnliche Nahtod- und Sterbeforschungen durch. Sie kam dabei zu der Einsicht: „Den Tod gibt es nicht."

Im Kosmogramm des Bewusstseinsforschers und Philosophen ***Jean Gebser*** (1905–1973) stehen vier Planeten einschließlich Uranus sowie die drei Persönlichkeitsplaneten Sonne, Mond und Saturn an Zeichengrenzen. Mit weiteren sechs Planeten am Talpunkt war er ein begnadeter Forscher. Seine Lebensaufgabe war es, das sich global entfaltende Bewusstsein zu erforschen, dem er den Namen „Integrales Bewusstsein" gab.

12. Planeten im eingeschlossenen Zeichen

Im Horoskop können mehrere Zeichen in einem Haus stehen, da die Häuser verschieden groß sind. Hat dabei ein Zeichen keine Häuserspitze, so bezeichnet man es als „eingeschlossenes Zeichen". Der Energiefluss über die Häuserspitze von außen nach innen zur Horoskopmitte und umgekehrt ist hier nicht in normalem Umfang möglich. So kann das Zeichen nicht voll wirksam werden. Die Planeten in diesem eingeschlossenen Zeichen stehen dem Betreffenden nicht mit ihrer ganzen Kraft zur Verfügung. Von dieser Einschränkung ist die gesamte Zeichenachse betroffen, also auch das gegenüberliegende Zeichen. Planeten, die sich hier befinden,

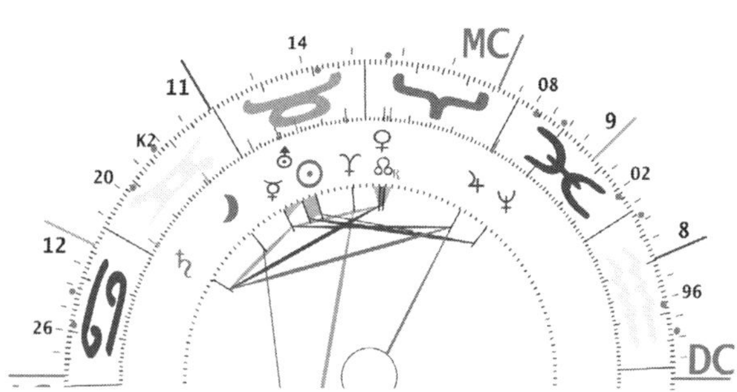

Abbildung 23 (Beispiel: Sigmund Freud)

werden mit ihren Fähigkeiten von der Umwelt nicht wahrgenommen und deshalb auch nicht bestätigt. Es kann sogar eine Zurückweisung erfolgen. Weiter können die Planeten im eingeschlossenen Zeichen meist nicht vom äußeren Willen gesteuert werden, es sei denn, sie sind durch einen Aspekt mit einem außen stehenden Planeten verbunden. Diese Einschränkung ist besonders deutlich spürbar, wenn einer der Persönlichkeitsplaneten Sonne, Mond und Saturn beteiligt ist.

Die Planeten in eingeschlossenen Zeichen werden mit unbewussten, verdrängten und karmischen Anlagen in Verbindung gebracht. Das eingeschlossene Potenzial ist im normalen Leben schwierig zu nutzen. Geht der Mensch jedoch einen spirituellen Weg, ist es genau umgekehrt: Die nach innen gerichteten Kräfte ermöglichen dann den Zugang zur inneren Quelle und erleichtern eine Verwirklichung im spirituellen Bereich. Vielen Menschen sind diese inneren Kräfte noch unbekannt, was zu großen psychischen Belastungen führen kann. Im Horoskop wird durch die eingeschlossenen Stellungen von Zeichen und Planeten das spirituell zu erschließende Potenzial sofort sichtbar. Der Prozess zur Entwicklung beinhaltet, dass das innere spirituelle Potenzial erspürt wird. So können entsprechend der Lage des Planeten im eingeschlossenen Zeichen Lösungswege aufgezeigt werden. Das Thema des betreffenden Hauses ist hier wichtig.

Neue Forschungen von mir und einigen Kollegen zeigen, dass die Qualitäten eingeschlossener Planeten unsere innere psychische Anlage abbilden. Es ist wichtig, dieses Potenzial zu entwickeln. Ein Vorteil ist, dass diese Fähigkeiten, wenn sie erkannt und entwickelt werden, in ihrem Funktionieren von außen nicht gestört werden können, das heißt, sie stehen nur uns selbst zur Verfügung. So werden die eingeschlossenen Planeten allein von innen gesteuert. Gibt es Aspekte zu Planeten an Häuserspitzen, können sie auch im Außen genutzt werden.

BEISPIELE

Antoine de Saint-Exupéry (1900–1944) war als Aufklärungsflieger im Zweiten Weltkrieg Einsamkeit und lebensbedrohlichen Situationen ausgesetzt. Über seine beeindruckenden Erlebnisse schrieb er spannende Bücher. In seinem Horoskop stehen fünf Planeten in eingeschlossenen Zeichen auf der Individuationsachse 4–10. Diese Anlage zeigt einerseits seine innere spirituelle Ausrichtung (Einfluss der geistigen Planeten Uranus und Neptun) und andererseits im Außen die Gefahren (durch Pluto und Mars), die ihm begegneten.

Im Kosmogramm des Psychiaters und Psychoanalytikers ***Sigmund Freud*** (1856–1939) stehen vier Planeten, die sich für psychologische Entdeckungen anbieten, im eingeschlossenen Zeichen Stier, und zwar Merkur, Uranus, Sonne und Pluto. Mit dieser Konstellation bekam er Zugang zum Unbewussten, das er Anfang des 20. Jahrhunderts grundlegend erforschte. Trotz aller Widerstände, die ihm von der Gesellschaft entgegengebracht wurden, gelang ihm durch seine tiefe innere Überzeugung mit seinen psychoanalytischen Forschungen der Durchbruch. Seine Beharrlichkeit mit vier Planeten im fixen eingeschlossenen Erdzeichen Stier ließ ihn durchhalten. Mit diesem großen Potenzial im 10. Haus folgte Freud seiner inneren Berufung.

Der amerikanisch-indische Schriftsteller ***Deepak Chopra*** (geboren 1946) hat in seinem Horoskop fünf Planeten in eingeschlossenen Zeichen und vier davon gleichzeitig am Talpunkt (IV.15) stehen. Er schreibt über Spiritualität und alternative Medizin, denn wirkliche Heilung kann nur ganzheitlich geschehen.

13. Planeten im Zeichen Fische

Das Zeichen Fische ist das 12. und damit letzte Zeichen im Tierkreis. Menschen, in deren Horoskop viele Planeten im Zeichen Fische stehen, haben oft eine tiefe spirituelle Anlage, das richtige

Gespür und verlassen sich auf ihre innere Führung. Fische leben im Wasser und dieses Zeichen symbolisiert die Seele mit ihren tiefen Schichten. Ein Mensch mit Sonne in Fische ist wendig und passt sich an. Man darf ihn nicht festhalten, kann nur in Freiheit mit ihm zusammenleben. Sonst ist er schnell verschwunden. Er braucht den Abstand, um sich nicht vereinnahmt zu fühlen. Druck kann er nicht ertragen. Manchmal ist er leicht zu beeinflussen und kann sich im entsprechenden Milieu leicht verlieren und Süchten verfallen.

Dem Zeichen Fische ist das Grenzenlose zugeordnet. In diesem Zeichen geborene Menschen zieht die Klarheit der mystischen Traditionen an. Mystiker vieler Jahrhunderte – wie Laotse, Rumi,

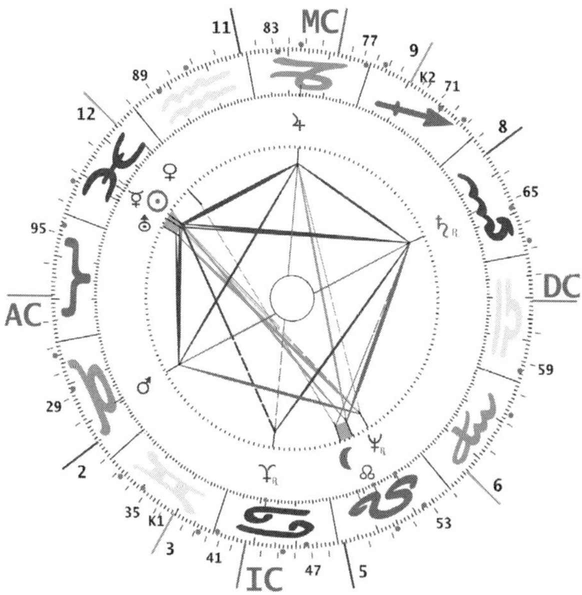

Abbildung 24 (Beispiel: Willigis Jäger)

Meister Eckhart, Hildegard von Bingen, Mechthild von Magdeburg, Theresa von Avila, Johannes vom Kreuz, Teilhard de Chardin, Bernhard von Clairvaux, Jakob Böhme, Angelus Selesius – haben in den letzten Jahrhunderten die Einheit erfahren. Obwohl nicht alle von ihnen im Zeichen Fische geboren sind, habe ich sie hier aufgeführt. In den nächsten Jahren werde ich darüber berichten und schreiben, welche besondere spirituelle Anlage sie auf den Weg in die Freiheit geführt hat.

Die Mystiker der fünf großen Weltreligionen – des Buddhismus, des Judentums, des Islam, des Hinduismus und des Christentums – sprechen die gleiche Sprache. Die Systeme, die zur Erfahrung der Einheit über die genannten Religionen hinausgehen, sind: Zen, Kabbala, Sufismus, Yoga und christliche Mystik.

Die Mystiker befinden sich mit ihrem Bewusstsein auf einer Ebene, auf der es keine Gegensätze mehr gibt, es gibt kein Ego mehr. So verstehen sie sich ohne Worte, da alle die gleiche Erfahrung des All-eins-Seins gemacht haben. Mystiker haben das eine Ziel: Sie wollen die Einheit in Allem erleben.

Planeten im Zeichen Fische begünstigen ein Nach-innen-Wenden mit Hinwendung zu spirituellen Themen, besonders wenn sich dort Persönlichkeitsplaneten oder geistige Planeten befinden. Aufgrund ihrer großen Sensitivität fühlen sich solche Menschen zu helfenden und heilenden Tätigkeiten hingezogen. Die veränderliche Achse Fische–Jungfrau wird deshalb auch als „Helferachse“ bezeichnet. Dem Zeichen Fische ist der Planet Neptun zugeordnet. Mit seiner übersinnlichen Veranlagung erahnt der im Zeichen Fische Geborene oft intuitiv Dinge, die dem Menschen durch Denken meist nicht zugänglich sind. Er braucht den Rückzug, um durch eine spezielle innere Praxis Grenzen aufzulösen. Seine Anlage fördert das tiefe Verstehen und die Liebe. So kann er im Laufe seines Lebens reifen und höchste Einsichten gewinnen.

BEISPIELE

Willigis Jäger (geboren 1925) ist ein bedeutender Lehrer im spirituellen Bereich. In seinem Kosmogramm stehen Sonne (Hilfe geben und Rückzug), Uranus (Außergewöhnliches schaffen), Venus (Mystik) und Merkur (Intuition) im Zeichen Fische und gleichzeitig im 12. Haus. Diese astrologische Anlage ist ein göttliches Geschenk für einen Zen-Meister.

Der Physiker ***Albert Einstein*** (1879–1955) hat in seinem Kosmogramm die Sonne im Zeichen Fische im 10. Haus nahe am MC stehen, wo sie erwartungsvoll und geduldig, aber auch feinfühlig anstehende Führungsaufgaben übernimmt. Das Zeichen Fische steht für das Grenzenlose. Für Einstein erschienen die unbegrenzte Fantasie und Intuition wichtiger als das begrenzte Wissen des Verstandes. Diese Grundeinstellung war ihm förderlich für seine revolutionären Forschungen in der Physik.

Spirituelle Wirkung der geistigen Planeten

14. Planeten in Zeichen mit zwei Häuserspitzen

Wenn sich eingeschlossene Zeichen im Horoskop befinden, entstehen als Folge Zeichen, die zwei Häuserspitzen haben. Stehen Planeten in einem solchen Zeichen mit zwei Häuserspitzen, so können wir uns voll ins Leben einbringen und werden auch von der Umwelt dazu aufgefordert. Oft verfallen wir in eine Überaktivität und geraten in einen Sog, in dem wir andere mögliche Wege aus den Augen verlieren. Mit zwei Häuserspitzen beschleunigen sich die Aktivitäten. Sogar der Talpunkt verliert oft seine Wirksamkeit. So besteht die Gefahr, dass sich der Betreffende im Außen verliert und Energie verschwendet, da hier so viel Energie zur Verfügung steht. Eine Leistungssteigerung wird von der Außenwelt wahrgenommen und akzeptiert. „Man tut etwas um des Tuns willen“, das ist die Devise. Oft arbeiten solche Menschen „im Akkord“, das heißt auf Leistung bedacht.

Bei der Berufswahl ist diese Überaktivität betont kritisch zu betrachten. Der Betreffende kann leicht von der Arbeitswelt als willkommener Macher ausgenutzt werden. Das passiert vor allem dann, wenn Persönlichkeitsplaneten beteiligt sind. Der Energieverlust und die dadurch entstehende Frustration können groß sein. Unter Umständen ist die Gesundheit gefährdet, wenn eine Phase der Überaktivität längere Zeit anhält. Um die Freude an der Arbeit nicht zu verlieren, sollte man bewusst Pausen einlegen und sich mit einer zusätzlichen Auszeit belohnen.

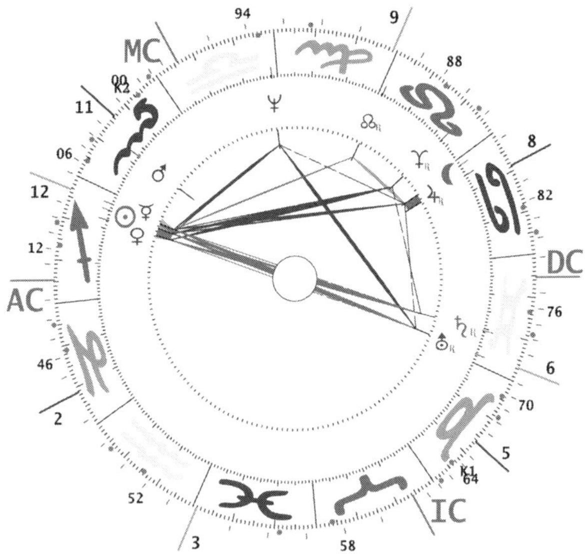

Abbildung 25 (Beispiel: Jimi Hendrix)

BEISPIELE

Im Kosmogramm des spirituellen Lehrers ***Christian Meyer*** (geboren 1952) fällt auf, dass der Mond sich an der Spitze des 6. Hauses im kommunikativen Zeichen Zwillinge mit zwei Häuserspitzen befindet. Somit steht der Gefühlsplanet Mond im Arbeitshaus als Kontaktplanet auf der Du-Seite optimal für eine emotionale Arbeit mit anderen Menschen zur Verfügung. Christian Meyer geht in der Freisetzung der Gefühle (exponierter Mond) neue Wege. Er hat seine psychologisch-spirituellen Forschungen zu einer praxisrelevanten und den Menschen verwandelnden Methode zusammengefasst. Der Erfolg zeigt sich darin, dass während seiner etwa zehnjährigen Tätigkeit bereits Dutzende von Menschen in seinen Retreats und in Begegnungen mit ihm zu ihrem Selbst gelangt und erwacht sind. Damit haben sie tiefen inneren Frieden als ihre wahre Natur erfahren.

Im Horoskop des Dichters und Märchen-Schriftstellers ***Hans Christian Andersen*** (1805–1875) stehen die beiden Liebesplaneten Mond (Beständigkeit) und Neptun im 12. Haus (schöpferische Fantasie) in Zeichen mit zwei Häuserspitzen und dabei gleichzeitig an den Häuserspitzen. Diese herausfordernden Stellungen haben seine liebevollen Geschichten sehr befruchtet.

Der Sänger ***Udo Jürgens*** (geboren 1934) ist einer der erfolgreichsten Künstler der deutschsprachigen Musikwelt. Mit seinen Liedern spricht er alle Altersgruppen und Bevölkerungsschichten an. Sein unstetes Leben ist in seinem Kosmogramm abzulesen. So hat das emotionale Krebs-Zeichen zwei Häuserspitzen und Mond (Offenheit) und Pluto (Magie und familiäre Krisen) sind gleichzeitig auch Stressplaneten (IV.18). Die Herausforderungen im Gefühlsbereich (Mond und Pluto) können in seinem Kosmogramm gemeinsam mit der gradgenauen Merkur-Uranus-Opposition (Eingebung und Ideenreichtum) außerordentlich vielfältig und erfolgreich sein, aber auch sehr explosiv im Leben wirken. Hierin liegt eine immense Energie, die bei der Arbeit beflügeln, aber in privaten Situationen überfordern kann.

Der amerikanische Musiker ***Bob Dylan*** (geboren 1941) hat vier Planeten im Zeichen Stier, das zwei Häuserspitzen hat. Sie stehen in einer Jupiter-Uranus-Konjunktion (Wachheit der Sinne) sowie in einer starken Mond-Saturn-Konjunktion (Fantasie und Erfahrung). Dieses Potenzial ist ein wesentliches Element für seinen großen Erfolg, auch wenn es in seinem Leben einige Brüche gibt (Uranus im Stressbereich).

Im Kosmogramm des amerikanischen Musikers ***Jimi Hendrix*** (1942–1970) stehen fünf Planeten in Zeichen mit zwei Häuserspitzen auf der veränderlichen Achse Zwillinge–Schütze. Dieses Potenzial wird nochmals durch die veränderliche Häuserachse 6–12 beschwingt. Das Leben schenkte Jimi Hendrix Eingebungen und Ideenreichtum (gradgenaue Merkur-Uranus-Opposition), Perfektion und Synthese (gradgenaues Venus-Pluto-Trigon) sowie Spiritualität (starkes Uranus-Neptun-Trigon). Er avancierte durch seine meisterhafte Spielweise zu einem der besten E-Gitarristen der Musikgeschichte und inspirierte nachfolgende Generationen. Eine solche äußerst labile Anlage kann aber auch überfordern. Das ist besonders dann zu befürchten, wenn der Betreffende eine problematische Kindheit und Jugend hatte, wie sie Hendrix erfahren musste. Jimi Hendrix starb mit 27 Jahren und wurde zur Legende.

Die Häuser-Ebene

Unmittelbare spirituelle Wirkung der Anlagen

15. Planeten am Talpunkt

Der Talpunkt liegt, dem Goldenen Schnitt entsprechend, etwa am Zweidrittel-Punkt eines Hauses (siehe Abbildung 7, Seite 34). Wenn im Horoskop mehrere Planeten in der Nähe des Talpunktes stehen, ist der Zugang zum inneren Wesenskern leichter möglich. Entwickeln wir an diesem Punkt ein inneres Gespür, hilft uns das, in unserem Leben voranzukommen. und in kritischen Situationen einen Weg aus der Krise zu finden. Je mehr wir loslassen, desto eher finden wir den Zugang zu unserem inneren Potenzial, der Quelle

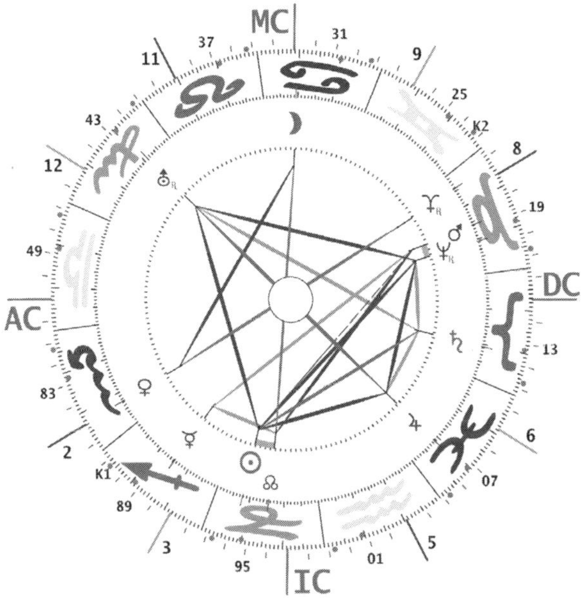

Abbildung 26 (Beispiel: Ramana Maharshi)

unserer geistigen Kraft. Wenn an diesen sensitiven Stellen geistige Planeten, Persönlichkeitsplaneten oder kreatürliche Planeten (siehe Abbildung 5, Seite 30) stehen, dienen sie als Werkzeuge, um spirituelle Erfahrungen im täglichen Leben umzusetzen. Besonders förderlich für die spirituelle Entwicklung sind hier mehrere Planeten am Talpunkt in einer Aspektfigur.

Durch einen nach innen gerichteten spirituellen Weg können Frustrationen, aus denen Verhärtungen entstehen mögen, denen wiederum oft eine Depression folgt, vermieden werden. Hindernisse werden überwunden und nach einer längeren inneren Einkehr entsteht eine wachsende innere Klarheit. Angesichts der in unserer Zeit sehr starken Orientierung nach außen werden die inneren spirituellen Werte immer wichtiger. In den letzten Jahren treten psychische Störungen immer häufiger auf. Aktuell berichten die Medien, dass bereits 20 Prozent der Jugendlichen psychisch auffällig sind und 5 Prozent unbedingt behandelt werden sollten.

Menschen, in deren Horoskop viele Planeten im Bereich des Talpunktes stehen, brauchen oft länger für ihre Entwicklung. Sie müssen erst in ihrem Umfeld erkennen, dass sie anders funktionieren als ihre Mitmenschen. Diese Entwicklung wird gefördert durch Selbstbeobachtung und Selbstwahrnehmung. Am Talpunkt ist ein direkter Zugang zum inneren Wesenszentrum möglich, der durch die Horoskopmitte symbolisiert wird. Volle Konzentration und große Disziplin sind erforderlich. Am Talpunkt werden die inneren Wesenskräfte gestärkt und so zu einer Quelle spiritueller Kraft. Durch unablässiges Bemühen vollzieht sich eine innere Wandlung und der Mensch entwickelt sich zu einer in sich gefestigten Persönlichkeit.

Menschen, in deren Kosmogramm mehrere Planeten am Talpunkt stehen, sind besonders geeignet für helfende, heilende und beratende Berufe. Sie verfügen über die Kompetenzen, die es braucht, um im sozialen, im psychologischen oder im spirituellen

Bereich zu arbeiten. Auch für künstlerische Berufe ist diese innere Anlage förderlich. Nach möglicherweise anfänglichen Schwierigkeiten haben die Betreffenden später klare Vorteile bei ihrer spirituellen Entwicklung. Ihnen wurden die spirituellen Fähigkeiten sozusagen bereits in die Wiege gelegt. Oft können sie das ganze Leben bestimmen, wie nachstehende Beispiele zeigen.

BEISPIELE

Der indische Sat-Guru ***Ramana Maharshi*** (1879–1950) hat in seinem Horoskop sechs Planeten im Bereich der Talpunkte. Die Sonne (Selbstbewusstsein) ist über Aspekte mit den spirituellen Planeten Uranus (Forschergeist) und Neptun (Glückseligkeit) verbunden, wobei der intuitive Uranus als angehender Spannungsherrscher der innere Antrieb für eine intensive Sinnsuche ist. Saturn sichert diese Konstellation nach außen hin ab. Bereits mit sechzehn Jahren hatte Ramana eine Erleuchtungserfahrung, die sein Leben veränderte. Sein Weg nach innen bestimmte ab diesem Zeitpunkt sein Leben. In der Meditation kreiste er um die Frage: „Wer bin ich?", und erhielt so einen direkten Zugang zu seinem Innersten und damit zum Göttlichen. Ihm floss allein durch Innenschau das spirituelle Wissen zu, ohne dass er jemals ein Buch gelesen oder sonstiges Wissen durch Studien erhalten hatte. Später entstand ein Ashram und er empfing viele Besucher, auch aus dem Westen. Ramana Maharshi wird oft als der bedeutendste Weise des 20. Jahrhunderts bezeichnet.

Im Kosmogramm des französischen Jesuiten und Evolutionsmystikers ***Teilhard de Chardin*** (1881–1955) stehen sechs Planeten nahe am Talpunkt, dazu gehören im 12. Haus Mond (tiefe Gefühle) und Pluto (Transformation) sowie Mars im eingeschlossenen Zeichen Fische (religiöse Tätigkeit). Diese spirituellen Anlagen schenkten Teilhard de Chardin Kreativität (starke Sonne-Uranus-Konjunktion), tiefe Religiosität (starkes Uranus-Neptun-Trigon) und Hingabe (Venus-Neptun-Konjunktion). Mit diesem spirituellen Potenzial, das seine Persönlichkeit prägte, machte Teilhard de Chardin während des Ersten Weltkriegs Grenzerfahrungen, die sein Leben nachhaltig beeinflussten. Er gelangte durch diese Erlebnisse zu der tiefen Überzeugung, dass des Menschen Seele und Geist zum Wachstum bestimmt sind. Teilhard de Chardin war ein Visionär. Seine neue Lehre der Evolutionstheorie wurde in den 1920er Jahren von der Kirche strikt abgelehnt. Er verlor deshalb seine Lehrtätigkeit und musste auch seine Professur aufgeben. Außerdem erhielt er für alle seine theologischen Schriften ein Publikationsverbot. Danach verbrachte er fast zwei Jahrzehnte in China im Exil. Nach dem Zweiten Weltkrieg kehrte er wieder nach Frankreich zurück. Im Jahr 1950 ernannte die französische Akademie der Wissenschaften Pater Teilhard de Chardin zu ihrem Mitglied. Damit erhielt er die größte Ehrung, die Frankreich an seine Wissenschaftler zu vergeben hat. Gleichzeitig wurde ihm jedoch aus Rom nahegelegt, auf eine ihm angebotene Professur am *Collège de France* zu verzichten. Teilhard de Chardin war ein gehorsames Kind seiner Kirche. So blieb er als Reformer der christlich-katholischen Theologie und Begründer einer neuen Weltsicht vorerst für die allgemeine Wissenschaft ein Unbekannter. Im Jahre 1951 zog der Pater nach New York, wo er 1955 starb. Kaum hatte er die Augen geschlossen, begann ein Sturm, wie ihn die literarische Welt kaum zuvor erlebt hatte: Natur- und Geisteswissenschaftler, Reform-Katholiken und Protestanten bestätigten sein Werk mit großer Begeisterung. In Paris wurde kurz danach die *Foundation Teilhard de Chardin* gegründet.

Im Kosmogramm des indischen Weisen ***Sri Aurobindo*** (1872–1950) befinden sich fünf Planeten am Talpunkt. Es finden Transformationsprozesse zwischen den Persönlichkeitsplaneten sowie den spirituellen Planeten statt (IV.4): Sonne-Pluto-Quadrat (Absolutheit) und starkes Mond-Neptun-Trigon (große Gefühle).

Venus steht an einer Zeichengrenze und ist gleichzeitig ein Stressplanet vor der Spitze des 2. Hauses (IV.18). Uranus als Stressplanet (IV.18) vor dem Aszendenten ist für eine geistige Wandlung ebenfalls gefordert. Mit diesen Anlagen ist eine große Sogwirkung für das Spirituelle gegeben. Sri Aurobindo war schon früh bewusst, dass er sein Leben nicht an der Oberfläche leben wollte. Es war sein geistiges Ziel, eine klare Spiritualität praktisch zu erforschen. Sein Lebenswerk umfasst den „Integralen Yoga". Aurobindo versteht unter „vollkommener Transformation" ein Annehmen des spirituellen, dynamischen und ebenso statischen Bewusstseins in allen Teilen des Wesens bis hinab zum Unbewussten. Das bedeutet, das vorhandene Bewusstsein durch das göttliche Bewusstsein vollständig zu ersetzen.

Der Schauspielerin ***Romy Schneider*** (1938–1982) bedeutete ihr Beruf viel. In ihrem Kosmogramm gibt es mehrere Besonderheiten. So stehen fünf Planeten, und zwar die Persönlichkeitsplaneten Sonne (geistige Kreativität) und Mond (Offenheit für das Geistige) und die spirituellen Planeten Uranus (sichere Strategie) und Pluto (geistiger Wille) sowie Venus (Ästhetik im Spirtuellen) jeweils an den Talpunkten. Gleichzeitig befinden sich die Planeten Sonne und Mond an einer Zeichengrenze (IV.11). Weitere fünf Planeten stehen in eingeschlossenen Zeichen, die keine Häuserspitzen besetzen (IV.12). Dieses insgesamt nach innen gerichtete Potenzial konnte in Krisenzeiten von Romys äußerem Bewusstsein nur schwer gesteuert werden. Romy Schneider konnte sich als Schauspielerin gut in ihre Rollen hineinversetzen. Gleichzeitig war es für sie schwer, sich in ihren Liebesbeziehungen abzugrenzen. Das trifft besonders für den emotionalen Gefühls- und Liebesplaneten Mond am Talpunkt im 4. Haus (Nestgefühl und Urvertrauen) zu, der von außen schwer gesteuert werden kann. Es war ihr wahrscheinlich auch aufgrund ihrer Erziehung kaum möglich, diese vielen nach innen gerichteten Anlagen zu erkennen und in ihr

Leben zu integrieren. Romy Schneider wurde zum Mythos und von den Lesern der Zeitschrift *Le Parisien* zur Schauspielerin des 20. Jahrhunderts gewählt.

Der astrologische Forscher ***Bruno Huber*** (1930–1999) hat in seinem Radix fünf Planeten am Talpunkt – dazu gehören Sonne (Kreativität), Mond (Sensivität), Mars (Pioniergeist), Jupiter (Urteilsvermögen) und Uranus (Entdeckungen), die nach innen gerichtet sind.

Im Horoskop des Psychoanalytikers ***Fritz Riemann*** (1902–1979) stehen ebenfalls fünf Planeten am Talpunkt. In einer Drachenfigur sind es Mond (Wandlungen), Uranus (geistige Erfindungen), Merkur (geistige Vermittlung) und Pluto (schöpferischer Beitrag an die Evolution). Angeschlossen an die Figur ist noch Saturn (Durchhaltevermögen). Riemann erforschte als Psychoanalytiker mit diesem spirituellen Potenzial meisterhaft die Astrologie.

Der Bewusstseinsforscher ***Jean Gebser*** (1905–1973) hat in einer großen Aspektfigur sechs Planeten am Talpunkt, dazu gehören Mond (gefühlsbetonter Wille), Neptun (universelle Menschenliebe) und Pluto (geistige Macht). Diese Anlage inspirierte ihn dazu, die ersten Schritte in Richtung einer transpersonalen und integralen Psychologie zu machen.

Im Horoskop der ***Heiligen Thérèse von Lisieux*** (1873–1897) stehen fünf Planeten am Talpunkt. Weiterhin sind bei ihr Neptun (religiöse Menschenliebe) und Pluto (geistiger Wille) angehende Spannungsherrscher. Dieses spirituelle Potenzial beflügelte ihre Hingabe.

16. Planeten im 4. Quadranten

Der 4. Quadrant ist im Kosmogramm der Raum der Selbsterkenntnis und der Selbstverwirklichung. Hier wird ein Streben nach den höheren Seins-Ebenen angezeigt. Es ist auffallend, dass das Element Feuer in diesem Quadranten nicht vorkommt. In diesem Bereich fällt es uns leicht, zu erkennen, wer wir sind. Hier sind wir frei von den Trieb- und Instinktmechanismen der beiden

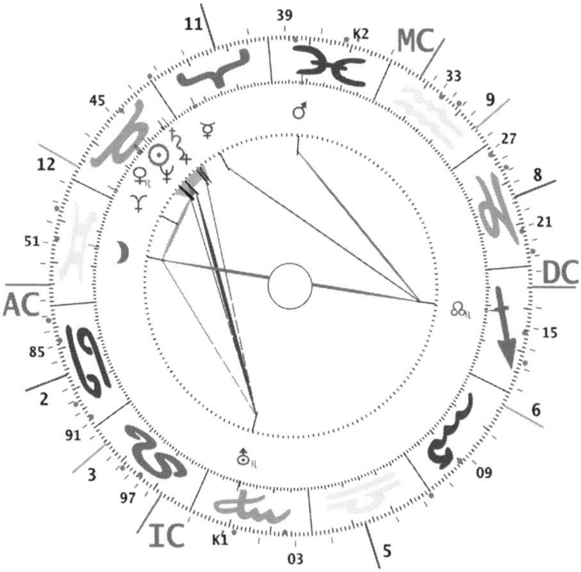

Abbildung 27 (Beispiel: Teilhard de Chardin)

ersten Quadranten und dem Nach-außen-gerichtet-Sein des dritten Quadranten (siehe Abbildung 2, Seite 24). Wer mehrere Planeten im 4. Quadranten hat, dem fällt es leichter, loszulassen und sich dem Spirituellen zu öffnen. So gelingt es uns im bewussten Ich-Quadranten, der das Sein anstrebt, eher, bei uns selbst anzukommen und bewusst unsere Persönlichkeit zu entfalten. Selbstfindung ist hier die Hauptaufgabe.

In den einzelnen Häusern des 4. Quadranten findet eine fortschreitende Entwicklung statt:

Mit *Planeten im 10. Haus* fühlen wir uns berufen, eine Führungsposition innezuhaben. Damit übernehmen wir Verantwortung für andere und wollen als freies Individuum und als Autorität anerkannt werden. Wenn wir das erreicht haben, ziehen wir uns zurück auf der Suche nach dem tieferen Sinn des Lebens.

Mit *Planeten im 11. Haus* finden wir Freunde und Gleichgesinnte. Hier streben wir nach einem idealen Menschenbild. Wir gehen mit anderen Menschen geistige Wahlverwandtschaften ein, um gemeinsam Zeichen zu setzen für eine spirituelle Entwicklung.

Schließlich finden wir bei *Planeten im 12. Haus*, dem letzten Haus des Horoskops, durch einen Rückzug in die Stille Zugang zu unserem innersten göttlichen Wesenskern. Durch tiefe spirituelle Erfahrungen können wir uns dem Göttlichen oder Absoluten öffnen.

BEISPIELE

Im Horoskop des Baptistenpfarrers und Menschenrechtlers ***Martin Luther King*** (1929–1968) stehen fünf Planeten im 4. Quadranten - darunter Mond (sensitiv und medial) und Venus (Gläubigkeit) im Zeichen Fische, Uranus im Zeichen Widder - sowie weitere vier Planeten, zudem ist der Mondknoten nahe dem Talpunkt (IV.15) nach innen gerichtet. Neptun steht zusätzlich noch an einer Zeichengrenze (IV.11). Eine tiefe religiöse Ausrichtung prägte King bereits in seiner Jugend. Er war ein Vorkämpfer des gewaltlosen Widerstandes (Mars am Talpunkt) gegen die Rassendiskriminierung in den USA und gilt als eine Symbolfigur des „Kampfes“ gegen die Unterdrückung der Schwarzen. Obwohl er mehr als dreißigmal inhaftiert wurde, brachte ihn das nicht von seiner inneren Mission ab. Für seinen gewaltlosen Einsatz bekam er 1964 den Friedensnobelpreis. Im Jahre 1968 wurde er unter mysteriösen Umständen ermordet. Das Geschworenengericht in Memphis kam 1999 nach der Vernehmung von über siebzig Zeugen zu folgendem Urteil: „Es gab eine Verschwörung zum Schaden von Martin Luther King. Unter anderem waren Regierungsorganisationen an der Verschwörung beteiligt“ (Fernsehsender *Phönix* am 21. August 2008: „Martin Luther King – Ein Staatsverbrechen“).

Der französische Evolutionsmystiker ***Teilhard de Chardin***

(1881–1955) hat in seinem Kosmogramm neun Planeten im 4. Quadranten, davon Mond und Pluto im 12. Haus (IV.17) sowie Mars im 10. Haus im eingeschlossenen Zeichen Fische (IV.13). Teilhard de Chardin war ein Visionär der christlich-katholischen Theologie und Begründer einer neuen Weltsicht.

Im Kosmogramm von ***Antoine de Saint-Exupéry*** (1900–1944) befinden sich sieben Planeten im 4. Quadranten (IV.16).

Auch die astrologisch-psychologischen Lehrerinnen ***Sibylle Sulser*** (geboren 1952) sowie ***Lore Ziegenhirt*** (geboren 1940) haben im 4. Quadranten jeweils sieben Planeten (IV.16).

17. Planeten im 12. Haus

Das 12. Haus ist das letzte im Häusersystem. In diesem Wasserhaus geht es um Gefühle, die mit Sprache allein schwer zu beschreiben sind. Ein Mensch spürt instinktiv, dass in diesem Haus Dinge verborgen sind, die er lieber nicht an die Oberfläche bringen will. Sie könnten ihn aufwühlen und aus der Fassung bringen. In der klassischen Astrologie wird das 12. Haus oft negativ beschrieben. Doch dieser Bereich hat – wie jedes andere Haus – auch positive Seiten. Im 12. Haus ist ein umfassender Rückzug möglich, wie er in keinem anderen Bereich des Horoskops gegeben ist. Die Stille und Ruhe zu spüren ermöglicht eine besondere innere Stärkung. Aufenthalte an Gewässern oder in Kirchen lassen dabei eine eventuell vorhandene Erschöpfung und Unruhe abfallen. Die spirituellen Planeten, aber auch die Persönlichkeitsplaneten ermöglichen in diesem Haus, sich nach innen zu wenden.

Wenn wir uns nach innen wenden und loslassen, entsteht ein Raum, in dem sich wahre Spiritualität entfalten kann. Hingabe ist hier der Schlüssel. Die Energie sucht sich immer weitere Ziele im Außen, um den nächsten Schritt zu tun. Das kann dadurch geschehen, dass wir religiöse und spirituelle Bücher lesen und entsprechende Kurse besuchen. Wir beschreiten einen nach innen gerichteten Weg, der zunächst der Selbsterfahrung dient. Später kommt der Zeitpunkt, an dem wir uns vielleicht in einer der vielen Richtungen des Helfens, Beratens und Heilens ausbilden lassen. Das 12. Haus legt eine Tätigkeit in einem sozialen, psychotherapeutischen oder auch künstlerischen Beruf nahe. Für viele kann eine Arbeit mit einem spirituellen Hintergrund zur Berufung werden. Durch tiefe Hingabe können wir eins werden mit der göttlichen Kraft.

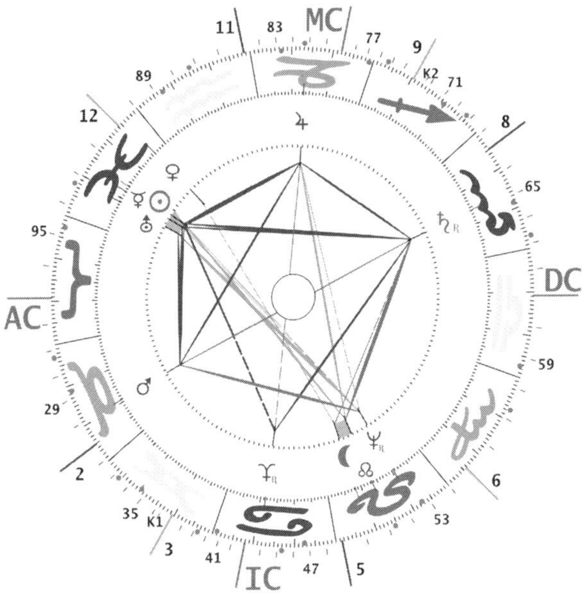

Abbildung 28 (Beispiel: Willigis Jäger)

Planeten im 12. Haus streben nach Verinnerlichung. Besonders die drei spirituellen Planeten haben hier einen leichteren Zugang zur Transzendenz. Stehen Persönlichkeitsplaneten in diesem Haus, so ist die Persönlichkeit im Ganzen in die spirituelle Entwicklung einbezogen.

BEISPIELE

Das Kosmogramm von ***Willigis Jäger*** (geboren 1925) zeigt im 12. Haus eine geistige Anlage mit vier Planeten: Sonne (Stille und Einsamkeit), Venus im Stressbereich (Synthese), Merkur (geistige Brillanz, Lehrfähigkeit) und Uranus (Transzendenz). Sein Leben führte ihn bereits in der Jugend zur Religion und im reiferen Alter zur Mystik. Nach dem Redeverbot durch die katholische Kirche im Jahre 2002 folgte er seinem spirituellen Weg noch konsequenter. Willigis Jäger gilt vielen Menschen als ein Vorbild für Integrität, Mut und Weisheit. Er ist ein bedeutender Vertreter der Mystik der Gegenwart.

Das Kosmogramm von ***Madonna*** (geboren 1958), der „Queen of Pop", zeigt im 12. Haus im Zeichen Löwe Uranus (Freiheit), Sonne (Autonomie) und Pluto (geistiger Wille). Im Haus des Rückzugs ist das an und für sich überraschend für einen Popstar. Aber es ist bekannt, dass sie der Kabbalah, dem jüdischen Zweig der Mystik, zugetan ist. Außerdem praktiziert sie intensiv Yoga und andere fernöstliche, spirituelle Übungen. Mit Sonne im Zeichen Löwe kann das 12. Haus auch als Tanzpalast wirken.

Spirituelle Wirkung der geistigen Planeten

18. Stress- oder Schattenplaneten

Im Verlauf der Intensitätskurve (III.1; siehe Abbildung 7, Seite 34) sind die Stress- oder Schattenplaneten besonders zu beachten. Diese Planeten werden gleichzeitig von zwei Achsen, das heißt von zwei Lebensthemen gefordert und dienen somit zwei Herren. Der Umgang mit den Stressplaneten gestaltet sich im Leben oft schwierig. Für die Deutung der Planeten im Schattenbereich ist nach den Forschungen von Bruno Huber zusätzlich die Qualität der nächsten Achse mit einzubeziehen. Zu viel Aktivität kann dabei leicht zu einer Überforderung führen. Der Schattenplanet beansprucht viel Energie und wirkt meist ichbezogen, da der Mensch mit dieser Konstellation glaubt, sich ständig beweisen zu müssen. Eine solche Anlage ist für den betreffenden Menschen nicht leicht zu integrieren. Als Energieverschwender kann ein Planet im Schattenbereich tiefer liegende Probleme überdecken und verdrängen.

Abbildung 29 (Beispiel: Johann Wolfgang von Goethe)

Verwöhnung und Blockade

Eine große Herausforderung besteht im Bereich der *kardinalen* Hauptachsen (AC–DC und IC–MC) und in Zeichen, die zwei Häuserspitzen besetzen. Hier wollen Stressplaneten große Leistungen erbringen. Da Stressplaneten oft überreagieren, wird viel Energie von den anderen Planeten abgezogen. Mit mehreren Stressplaneten im Kosmogramm kann der Betreffende einer Illusion erliegen und das Ich verliert an Stabilität. Das Ich klammert sich zunehmend an die Stressplaneten. Wenn jemand in diese Wunde hineinsticht, entsteht großer Schmerz, der den traumatischen Schmerz übersteigen kann und zu einer impulsiven, unkontrollierten Verteidigungsreaktion führen kann.

In der Folge können psychosomatische Prozesse entstehen. Der Körper zieht die Notbremse und reagiert mit Krankheit. Durch die damit erzwungene längere Ruhepause kann sich der betreffende Mensch wieder einigermaßen erholen, bis das Geschehene sich vielleicht in einem neuen Zyklus wiederholt.

Stressplaneten vor der *fixen* Häuserspitze (siehe Abbildung 8, Seite 36) wohnt immer ein großer Drang zur Sicherung des Besitzes inne. Ein Mensch mit einer solchen Anlage strebt nach Sicherheit und will alles festhalten. Er verteidigt seinen Besitz und neigt dabei zur Übertreibung. Oft leidet er unter Verlustängsten und versucht, sich in alle Richtungen abzusichern. Diese Abwehrmechanismen können besonders stark ausgeprägt sein und bis zum totalen Rückzug führen. Seine Angst bringt den Menschen zu der Entwicklung, die er am meisten fürchtet: So führt im fixen Kreuz der Verlust oft zur Wandlung.

Personen mit Stress- oder Schattenplaneten im *veränderlichen* Bereich (siehe Abbildung 8, Seite 36) wollen sich besonders gut anpassen. Sie suchen Anerkennung in der Kommunikation und wollen geachtet werden. So mag eine Abhängigkeit im kommunikativen Bereich entstehen. Ein Mensch mit Stressplaneten im veränderlichen Kreuz fürchtet sich besonders davor, allein zu sein. Gleichzeitig besteht aber ein starker individueller Drang nach Unabhängigkeit und Freiheit. Innere Zerrissenheit ist zwangsläufig die Folge. So ist zum Beispiel ein Jupiter im Stressbereich an einer der Hauptachsen nicht leicht zu transformieren. Er wird sich hier überheblich darstellen und verächtlich auf eventuelle Einwände anderer reagieren. Diese Anlage hat viel mit übermäßigem Verwöhnt-worden-Sein in der Kindheit zu tun.

Die spirituelle Entwicklung

Schattenplaneten im *veränderlichen Bereich* (siehe Abbildung 8, Seite 36) vermitteln oft den Auftrag, zu lernen, zu studieren und zu lehren, wobei das Fachgebiet der Zeichenqualität entsprechen kann. Wenn der Planet gleichzeitig an einer Zeichengrenze oder an einem *Talpunkt* steht, hat er eine besondere Bedeutung. Hier ist er offen für eine spirituelle Entwicklung, die früher oder später zum Durchbruch kommt. Ansonsten entsteht eine Belastung, die im Laufe der Jahre zum Burn-out führen kann. Der Stressplanet wirkt hier bereits ab Mitte des veränderlichen Bereiches im Haus oder sogar schon etwas früher. Die Stressplaneten sollten immer mehr im Dienste der menschlichen Entwicklung wirken. Durch eine spirituelle Entwicklung kann ein Transformationsprozess einsetzen.

Spirituelle Planeten im *Stressbereich* (siehe Abbildung 7, Seite 34) sind eine große Hilfe, wenn der Mensch sich für andere einsetzt. Er erkennt seine eigenen egoistischen Kräfte und erlebt im Geben und Dasein für andere intensives inneres Glück. Mit einer Wendung nach innen erfährt er mehr, als intellektuelles Wissen ihm vermitteln kann. Durch das Loslassen kann er die Grenzen des Intellekts überschreiten und tiefen Frieden finden.

Befinden sich „weiche Planeten“ wie Mond, Venus und Neptun in der Position eines Stressplaneten, so kann dies zu einer Überforderung führen. Findet der Betroffene aber seinen Weg und früher oder später auch seine Berufung, so kann er außerordentliche Leistungen vollbringen – wie die nachstehenden Beispiele zeigen.

BEISPIELE

Im Kosmogramm von ***Hermann Hesse*** (1877–1962) stehen die zwei spirituellen Planeten Uranus und Neptun im Stressbereich. Gleichzeitig befinden sich die beiden Planeten Pluto und Neptun in einem Zeichen mit zwei Häuserspitzen (IV.14). Diese Anlagen förderten seine psychologisch-spirituelle Entwicklung. Oft hat Hesse autobiografische Elemente auf die Figuren in seinen Büchern übertragen, was die Leser heute noch besonders anspricht.

Im Horoskop des amerikanischen Philosophen ***William James*** (1842–1910) stehen die spirituellen Planeten Uranus vor dem IC in Fische (Philosoph) und Pluto vor der 5. Häuserspitze im Zeichen Widder (Motivation). Beide befinden sich jeweils im Stressbereich. Das kann eine Aufforderung zu einer spirituellen Entwicklung sein. Als einer der wenigen akademischen Persönlichkeiten erkannte James bereits im 19. Jahrhundert wesentliche Elemente der späteren Psychologie und Spiritualität. Seine Bücher sind deshalb heute noch aktuell.

Beim früheren deutschen Bundeskanzler ***Willy Brandt*** (1913–1992) finden wir im Kosmogramm fünf Stressplaneten, das sind Pluto im 4. Haus (Familienkrise) sowie zwei Oppositionen von jeweils zwei gegenüberstehenden Stressplaneten – eine exakte Mars-Jupiter-Opposition (Bereitschaft zum Handeln) und eine starke Saturn-Venus-Opposition (Formgefühl) –, wobei drei Planeten am Talpunkt einen Ausgleich schaffen. Ohne Orientierung nach innen wäre es Willy Brandt kaum möglich gewesen, die Wirkung der Stressplaneten auszuhalten. Das bewegte Leben von Willy Brandt und sein Einsatz für Deutschland machten ihn zu einer politischen Persönlichkeit des letzten Jahrhunderts. Für seine Entspannungspolitik erhielt er 1971 den Friedensnobelpreis.

Mutter Teresa (1910–1997) hat vier Stressplaneten in ihrem Horoskop, und zwar Saturn (Beharrlichkeit) und Jupiter am MC (Beliebtheit) sowie Uranus (ungewöhnliche Lebensziele) und Neptun (Sensivität). Diese Anlagen erklären ihren großen sozialen und religiösen Einsatz.

Im Radix von ***Johann Wolfgang von Goethe*** (1749–1832) steht die Sonne vor dem MC im Stressbereich des 10. Hauses im Zeichen Jungfrau. Ein solcher Mensch hat hohe Ideale, wofür er sich voll einsetzt. Nach außen kann er dabei zurückhaltend sein und unscheinbar wirken. Durch seine visionäre Anlage ist es ihm möglich, das Leben in der Tiefe zu erkennen und in seinem einmaligen schriftstellerischen Werk darzustellen (Jupiter-Pluto-Trigon). Goethe wird als Universalgenie der Neuzeit bezeichnet.

Das Horoskop des indischen Weisen ***Sri Aurobindo*** (1872–1950) zeigt Uranus als Stressplaneten vor dem AC (Originalität).

Im Kosmogramm von ***Roberto Assagioli*** (1888–1974), dem Begründer der Psychosynthese, befindet sich Pluto als Stressplanet vor der Spitze des 12. Hauses der Transzendenz. Das weist auf eine intensive Wandlung des Ich zum Selbst hin.

Weitere spirituelle Entwicklungsmöglichkeiten

19. Aspekte zum Alterspunkt

Bei Aspekten des Alterspunkts (siehe auch unter III.4) mit den geistigen Planeten Uranus, Neptun und Pluto ist es möglich, einen großen Schritt auf dem Weg der spirituellen Entwicklung zu gehen. Dabei kann die Aktivierung (das „Anzünden“) von ganzen Aspektbildern durch den Alterspunkt ein bedeutsamer Anfang sein. In einem solchen Zeitfenster sind verdrängte Themen dem Bewusstsein leichter zugänglich, sodass sie bearbeitet und transformiert werden können. Bereiten wir uns nicht darauf vor, so können wir von intensiven Schattenkräften überrascht werden. Diese mögen zum Beispiel verstärkt werden durch andere Kräfte wie Transite, die im Extremfall das Bewusstsein so stark erschüttern, dass sie zum Ausgebranntsein oder zum Zusammenbruch führen können. Im Einzelfall kann das – je nachdem, welcher Planet beteiligt ist – zu Krankheit, Unfällen oder zu einer Trennung führen. Wer spirituell vorgebildet ist und darin geübt ist, sich in der Tiefe zu besinnen, dem ist jetzt ein großer innerer Entwicklungsschritt möglich.

In der praktischen Anwendung können wir mit dem Alterspunkt mögliche Bewusstseinsschritte im Horoskop vorab ermitteln, sodass sich der Betreffende darauf einstellen kann. In einer Beratung oder bei einem Coaching können die anstehenden Anforderungen erkannt, und es kann ein Weg gefunden werden, sodass sich eine große Chance bietet, psychisch und spirituell an der bevorstehenden Herausforderung zu wachsen. Der Alterspunkt wurde hierfür bereits in über hunderttausend Fällen erfolgreich angewendet und ist damit eine der am genauesten erforschten astrologischen Methoden. Andere Schulen haben die Bedeutung des Alterspunktes wegen ihrer Treffsicherheit inzwischen ebenfalls erkannt und in ihre Beratungspraxis mit aufgenommen.

BEISPIELE

Der Dichter ***Hermann Hesse*** (1877–1962) machte bereits kurz vor seinem dreizehnten Geburtstag eine für sein zukünftiges Leben wichtige Aussage: Er wolle entweder Dichter werden oder gar nichts. In seinem Horoskop zeigt sich ein besonderer Grund. Der Alterspunkt läuft gerade zu diesem Zeitpunkt exakt über den Mondknoten. Dieser sensible Punkt hat oft mit dem Thema „Berufsfindung" zu tun. Die Reaktionen seiner Lehrer und seiner Eltern waren heftig. In seinem kurz gefassten Lebenslauf stellt Hesse fest, dass die erste Wandlung in dem Augenblick eingetreten war, als ihm der Entschluss bewusst wurde, dass er Dichter werden wollte. Entgegen aller Bedenken seiner Erzieher hat er bereits mit 26 Jahren den Durchbruch zum selbstständigen Schriftsteller geschafft. Hermann Hesse berichtet, dass er im Jahr 1906 innerlich und äußerlich eine heftige Krise durchlebte: Er gehe gerade durch eine innere Hölle. Im Horoskop erfolgte hier der direkte Übergang des Alters-punktes über Pluto. Als Hermann Hesse im Jahr 1925 *Der Steppenwolf* schrieb, erlebte er die vielleicht verzweifeltste Krise seines Lebens. Zu diesem Zeitpunkt lief der Alterspunkt über den Planeten Uranus.

Die Sterbeforscherin ***Elisabeth Kübler-Ross*** (1926–2004) erlebte am 6. Oktober 1994 eine der härtesten Prüfungen ihres Lebens: Ihr Kommunikationszentrum ging durch Brandstiftung in Flammen auf und sie verlor ihren gesamten Besitz. Zu diesem Zeitpunkt zeigt ihr Kosmogramm ein Quadrat von Saturn (Sicherheit im Materiellen) zum damaligen Alterspunkt an.

20. Transite zu den spirituellen Planeten

Transite sind die Planeten, die aktuell am Himmel ihre Kreise ziehen und dabei Aspekte zu den Planeten des Grundhoroskops bilden. Von den zehn Himmelskörpern werden dabei nur die langsam laufenden – das sind Jupiter, Saturn, Uranus, Neptun und Pluto – betrachtet. Die schnell laufenden Planeten stellen für einen Menschen mit normalem Bewusstsein, der an sich arbeitet, meist kein großes Problem dar. Sie werden deshalb hier außer Acht gelassen. Aus dem gleichen Grund richten wir unser Augenmerk nur auf die primären Aspekte, das sind die Konjunktionen und Oppositionen und eventuell noch die Quadrate. Der Bereich, in dem ein Transit wirksam ist, kann mit einem Orbis von 1 Grad angenommen werden. Bei einem erweiterten Bewusstsein mögen es 1 bis 2 Grad mehr sein. Diese Einschränkungen helfen, sich nicht in dem ansonsten sehr umfangreichen System der Transite zu verlieren.

Grundsätzlich ist festzustellen: Je langsamer der transitierende Planet läuft, umso intensiver wirkt er. Durch die Rückläufigkeit der geistigen Planeten entsteht zwei- bis fünfmal Kontakt mit den Planeten im Grundhoroskop innerhalb von zwei bis drei Jahren. Die dadurch entstehenden spirituellen Aufgaben sind für den betreffenden Menschen wichtig. Die primären Aspekte Konjunktion und Opposition haben hier eine große Wirkung.

Treffen Reizungen bei starken Transiten mit den oben beschriebenen Aspekten beim Alterspunkt zusammen, kann sich die

Energie bis zum Zehnfachen steigern und eine Überlastung des Menschen bis hin zum Zusammenbruch zur Folge haben.

Die drei transitierenden geistigen Planeten Uranus, Neptun und Pluto sind für die spirituelle Entwicklung sehr bedeutend. Oft führen sie zu einer spirituellen Krise und beinhalten damit eine Chance zur Weiterentwicklung. Das hat eine besondere Bedeutung, wenn der Transit-Planet rote Aspekte zu einem der drei Persönlichkeitsplaneten oder zu einem der drei geistigen Planeten im Radix bildet. Wenn Transite über die Hauptachsen laufen, kann das die Energie des Planeten verstärken. Je länger ein Planet läuft, desto größer ist seine Bedeutung und desto mehr Widerspiegelung ist möglich.

Der Psychiater und Bewusstseinsforscher Stanislav Grof (geboren 1931) ist einer der Gründer der transpersonalen Psychologie. Er hat über die Wirkungen der Transite eine umfassende Untersuchung an 1000 seiner Klienten vorgenommen. Zu seiner Überraschung erhielt er Ergebnisse, die die Möglichkeiten der Psychotherapie und der Schulmedizin weit überstiegen. Grof stellte dabei fest, dass die Schulmedizin kein vergleichbar effizientes System vorweisen kann.[3]

21. Der Mondkoten

Die Stellung des *aufsteigenden Mondknotens* zeigt Wege auf, wie seelische und spirituelle Probleme gelöst werden können. Diese Position weist auf den ersten Schritt in der persönlichen Weiterentwicklung hin. Der *absteigende Mondknoten* hat mit der Vergangenheit und mit alten Gewohnheiten zu tun. Er bedeutet oft Stillstand und wird deshalb nicht ins Horoskop eingezeichnet.

Planeten mit einem Aspekt zum *aufsteigenden Mondknoten* können Menschen helfen, den ersten Schritt zu tun, um Probleme zu lösen und sich zu entwickeln. Vom Mondknoten, der ein sensitiver Punkt ist, wird keine Leistung erbracht, denn er öffnet sich für neue Aufgaben. Der Zielbereich liegt im Haus (Verhalten) und im

Zeichen (Anlage), in dem der Mondknoten steht. Bei der Berufswahl und zur Entwicklung der Persönlichkeit ist der Mondknoten wichtig. Für die geistige Entwicklung können auch hier die spirituellen Planeten Uranus, Neptun und Pluto besonders hilfreich eingesetzt werden, denn der Mondknoten als sensitiver Punkt beinhaltet den geringsten Widerstand. Er sollte einfühlsam, gleichwohl aber auch unter vollem persönlichen Einsatz genutzt werden.

Aspekte von Uranus zum Mondknoten

Mit einer Uranus-Mondknoten-Konjunktion erfolgt ein kontinuierlicher Anstoß, um bekannte Grenzen zu sprengen und das Bewusstsein zu erweitern. So können neue, ungewöhnliche Wege in den Grenzgebieten der Wissenschaft erschlossen werden.

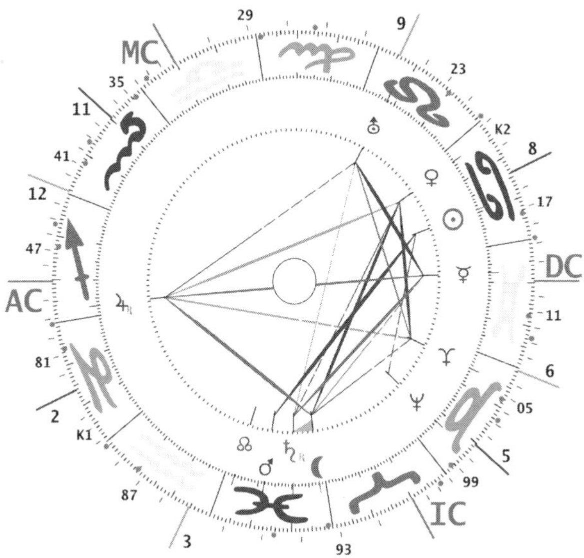

Abbildung 30 (Beispiel: Hermann Hesse)

Manchmal ist es möglich, dass dabei unerwartete Ereignisse eintreten, die spirituell weiterführen.

Bei einer Opposition wird oft versucht, die hemmenden Kräfte zu überwinden. In manchen Augenblicken der Hoffnungslosigkeit besteht die Neigung aufzugeben … und dann kommt es plötzlich zum Durchbruch, der besonders in der spirituellen Entwicklung zu neuen Ufern führen kann.

Aspekte von Neptun zum Mondknoten

Eine Neptun-Mondknoten-Konjunktion ermöglicht in der Selbstentwicklung und in der Partnerschaft eine tiefe Hingabe an das Göttliche oder Absolute. Menschen mit dieser Anlage setzen sich oft selbstlos für andere ein, zum Beispiel in sozialen Berufen. Allerdings besteht die Gefahr, sich für andere aufzuopfern. Mit einem transformierten Ego kann die neptunische Anlage die spirituelle Entwicklung beschleunigen.

Bei einer Opposition ist es oft schwer, sich abzugrenzen, sodass man Betrügern oder dubiosen religiösen Strömungen anheimfallen kann. Das mag die eigene spirituelle Entwicklung behindern oder den Betreffenden von dieser ablenken. Eine vorhandene Naivität sollte erkannt und transformiert werden.

Aspekte von Pluto zum Mondknoten

Bei einer Pluto-Mondknoten-Konjunktion wird oft vieles übersteigert wahrgenommen. Der Mensch will über sich selbst hinauswachsen, um Außergewöhnliches zu vollbringen. Manchmal steht er unter Zwang und setzt alles auf eine Karte. Der Wunsch nach Macht und Einfluss sollte überwunden werden. Andererseits kann die starke innere Motivation durch Pluto diesem Menschen helfen, seine innere Berufung zu finden.

Bei einer Opposition ist der Wille besonders egozentrisch. Transformationsprozesse können sich eruptionsartig ereignen, wobei

Pluto alte Regeln missachtet und aggressiv Macht ausüben will. Außerdem kann es zu zerstörerischen Einwirkungen im Auftrag einer scheinbar höheren Instanz kommen. Wut und Aggression können aufsteigen und sollten sich im Inneren austoben können, ohne im Außen gegen andere oder gegen sich selbst ausagiert zu werden.

BEISPIELE

Im Kosmogramm von ***Elisabeth Kübler-Ross*** (1926–2004) befindet sich eine Pluto-Mondknoten-Konjunktion. Kübler-Ross hat als Medizinerin mit etwa 20.000 Menschen außergewöhnliche Forschungen im Bereich „Leben und Tod" durchgeführt. Sie wachte am Bett sterbender Kinder und schenkte Eltern Trost, indem sie den Sterbeprozess in das Bild der Metamorphose der Raupe zum Schmetterling kleidete. Sie stellte dabei fest, dass der Tod unser Freund ist.

Die Schriftstellerin ***Ingeborg Bachmann*** (1926–1973) hat in ihrem Horoskop eine Pluto-Mondknoten-Konjunktion am DC im Zeichen Krebs (für neue Ideen eintreten, schwierige Partnerwahl).

Im Horoskop von ***Oprah Winfrey*** (geboren 1954) ist ein gradgenauer Pluto-Mondknoten-Quincunx anzutreffen. Sie war unwahrscheinlich kreativ im amerikanischen Fernsehen und ist vor allem durch ihre weltweit ausgestrahlten Interviews mit Eckhart Tolle bekannt.

Der unaspektierte Mondknoten

Steht der Mondknoten im Kosmogramm ohne Aspekte, so kann er nicht gesteuert werden. Auf diese Weise besteht eine Unsicherheit, ob man instinktiv auch den richtigen Weg wählt. Partner können hier helfen, weiterzukommen. Im Zweifelsfall ist es möglich, den Zugang durch „Versuch und Irrtum" zu finden.

BEISPIELE

Im Horoskop von ***Marc Chagall*** (1887–1985), ***William James*** (1842–1910) und ***Gabriele Böhm*** (geboren 1962) ist der Mondkonten unaspektiert.

Der Mondknoten als Spannungsherrscher

In dieser Stellung (IV.9) hat der Mondknoten eine außerordentliche Bedeutung, da er einem ganzen Aspektbild gegenübersteht. Mit dieser Anlage sollte man sich zwingend mit dem Thema des jeweiligen Hauses auseinandersetzen. In einer Krise hilft der Mondknoten, den ersten Schritt zu tun. Wenn das bei einem Spannungsherrscher nicht geschieht, bleibt der Mensch in seiner Entwicklung stecken und kann auf Dauer psychosomatisch erkranken. Wird die große Bedeutung des Mondknotens erkannt und der entsprechende erste Schritt getan, kann Entwicklung rasch geschehen.

Der Mondknoten im eingeschlossenen Zeichen

Planeten, die in eingeschlossenen Zeichen stehen, wirken nach innen und der erste Schritt erfolgt für die äußere Welt unsichtbar. Beim Mondknoten wird keine Leistung vollbracht, sondern es erfolgt eine Öffnung. Für eine spirituelle Entwicklung ist diese Stellung besonders günstig.

BEISPIELE

Der Mondknoten im Kosmogramm von ***Hermann Hesse*** (1877–1962) steht im eingeschlossenen Zeichen Fische. Aus seinen Aufzeichnungen ist bekannt, dass er mit dreizehn Jahren, als der Alterspunkt über den Mondknoten lief, seinen Beruf als Dichter erkannte.

In den Horoskopen von ***Willy Brandt*** (1913–1992), ***Romy Schneider*** (1938–1982) und ***Bob Dylan*** (geboren 1941) steht der Mondknoten ebenfalls in einem eingeschlossenen Zeichen. Hier ist der Rückzug in die Stille ein möglicher Weg, um sich weiterzuentwickeln.

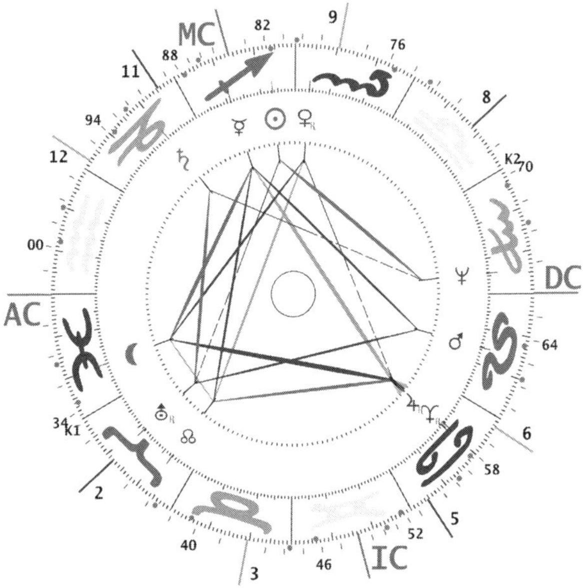

Abbildung 31 (Beispiel: Bruno Huber)

Der Mondknoten an Zeichengrenzen

Im Horoskop von ***Christian Meyer*** (geboren 1952) steht der Mondknoten an der Wassermann-Fische-Zeichengrenze. Hier ist es immer wichtig sich zurückzuziehen und in sich zu gehen.

22. Die Zeichengrenzen im Bereich der Hauptachsen

Befinden sich an einer der Hauptachsen AC–DC und MC–IC Zeichengrenzen im Bereich von 29 bis 1 Grad, so ist dies eine besonders sensitive Stelle, die einen direkten Zugang zur spirituellen Quelle in der Mitte des Horoskops ermöglichen kann. Solche sensitiven Stellungen können die spirituelle Entwicklung sehr begünstigen. Eine außergewöhnliche Stelle ist dabei die Zeichengrenze am Ende des Tierkreises zwischen Fische und Widder – Anfang und Ende, Leben und Tod.

BEISPIELE

In den Kosmogrammen von ***Bruno Huber*** (1930–1999), ***Nelson Mandela*** (geboren 1918) und ***Sigmund Freud*** (1856–1939) befinden sich die Zeichengrenzen an einer der beiden Hauptachsen. Menschen mit diesen Stellungen haben einen besonders guten Zugang zu ihrem Inneren und können dies für ihre psychologische und besonders für ihre spirituelle Entwicklung nutzen. Wenn das nicht möglich ist, können leicht Probleme und Krankheiten wie Allergien auftreten.

Das Kosmogramm des Autors

In diesem Teil des Buches wurden die außergewöhnlichen Grundanlagen im Horoskop beschrieben, die eine spirituelle Entwicklung ermöglichen und fördern. Von vierzehn unmittelbar wirkenden Anlagen zur spirituellen Entwicklung liegen dreizehn in meinem eigenen Horoskop vor. Nachstehend eine Übersicht:

Die spirituellen Anlagen

In meinem Kosmogramm steht die Mars-Uranus-Konjunktion direkt am Aszendenten in einer herausfordernden Stellung (IV.1). Die Anlage weist auf großes Interesse an astrologischem Wissen, Intuition und starke Motivation hin. So ist es verständlich, dass ich mich im Laufe meines Lebens intensiv der Spirituell-Astrologischen Psychologie zuwandte. Sie wurde zu meiner Passion. *Heilen der Seele* entsteht unter der Einwirkung der intuitiven Kraft von Uranus verstärkt durch Mars, meist um 4 Uhr morgens. Ich wache seit etwa zehn Jahren wie von einer inneren Uhr gesteuert um diese Zeit auf und habe dann die besten Einfälle.

Die Aspekte zwischen den Persönlichkeitsplaneten Sonne und Saturn mit den geistigen Planeten Neptun und Pluto (IV.3) können eine große Dynamik für eine psychologisch-spirituelle Entwicklung erzeugen. In meinem Horoskop steht nahe den Talpunkten in der eingeschlossenen Zeichenachse Fische–Jungfrau, die auch die „Helferachse" genannt wird, eine Sonne-Neptun-Opposition. Ein Saturn-Pluto-Quadrat befindet sich an den sensiblen Widder-Stier- und Krebs-Löwe-Zeichengrenzen (IV.11). Die beiden letztgenannten Aspekte richten sich nach innen und werden durch rote Aspekte von den Persönlichkeitsplaneten zu den spirituellen Planeten intensiv gefordert. Eine solche Anlage ist ohne gelebte Spiritualität nur schwer auszuhalten.

Darüber hinaus stehen in meinem Horoskop im Bereich der Talpunkte insgesamt fünf Planeten – das sind Sonne, Saturn, Merkur, Venus und Neptun (IV.15). In dem einfühlenden Zeichen Fische (IV.13) befindet sich eine Sonne-Merkur-Konjunktion, die eine doppelte Opposition (IV.6) zu Neptun hat. Drei Planeten befinden sich gleichzeitig im Talpunkt-Bereich sowie in der eingeschlossenen Zeichenachse (IV.12) Fische–Jungfrau. Die Oppositionen ermöglichen einen Zugang zum göttlichen Wesenskern in der Horoskopmitte. Mit der Sonne-Neptun-Opposition ist der Weg der allumfassenden spirituellen Liebe meine Lebensaufgabe und stellt meine Berufung dar. Pluto (IV.3) im Quadrat zu Saturn will die alten Werte nachdrücklich transformieren. Außerdem befinden sich in meinem Horoskop sechs Planeten im 4. Quadranten (IV.16), darunter die drei Persönlichkeitsplaneten Sonne, Mond und Saturn. Das bedeutet, dass in diesem Bereich die spirituelle Entwicklung leichter möglich ist. Im 12. Haus (IV.17), das der Spiritualität und Mystik zugeordnet wird, stehen vier Planeten, einschließlich der zwei Persönlichkeitsplaneten Mond und Saturn. Das heißt, dass meine Persönlichkeit Impulse aus einer vorwiegend inneren Dynamik zu erhalten vermag.

Als einziges Aspektbild in Form eines Dreiecks habe ich in meinem Kosmogramm eine Projektfigur (IV.7). Sie stellt eines der tragenden Elemente meiner psychischen und spirituellen Entwicklung dar – mit allen Höhen und Tiefen. Die direkt am AC stehende Uranus-Mars-Konjunktion ist gemeinsam mit der Sonne-Merkur-Konjunktion die Triebfeder, die mich über zwei Quincunxen (IV.5) mit dem Mondknoten an der Spitze des Dreiecks veranlasste, in meinem Leben einen spirituell-psychologischen Pfad einzuschlagen. Die Herausforderungen auf diesem Weg waren immens, doch das Projektdreieck brachte mich immer wieder auf den spirituellen Weg zurück. Diese Figur wird ja auch „Fingerzeig Gottes“ genannt.

Insgesamt komme ich zu folgenden Aussagen: In meinem Kosmogramm sind jeder Planet und der Mondknoten mit einer oder mehreren spirituellen Funktionen verbunden. Die innere Anlage weist in ihrer Gesamtheit darauf hin, dass ein spirituell-psychologischer Weg beschritten werden soll, um die nach innen gerichtete spirituelle Lebensaufgabe erfüllen und dadurch gesund bleiben zu können. Mit einer nach innen gewandten spirituellen Einstellung lebt es sich leichter und der Umgang mit psychosomatischen Problemen wird zur Herausforderung, die neue Möglichkeiten eröffnet. Wer sich für eine spirituelle Entwicklung öffnet, erlebt Leichtigkeit und Lebensfreude. Diese Erfahrung mache ich immer wieder aufs Neue und dafür danke ich dem Göttlichen oder Absoluten von Herzen.

Der Transformationsprozess

Ende der 1990er Jahre durchlebte ich einen Prozess, der mein Leben grundlegend verändern sollte. In diesen Jahren ging es mir so schlecht wie niemals zuvor. Ich wurde das erste Mal in meinem Leben richtig krank. In dieser Zeit ließ mich eine ständige Unruhe nicht mehr ausreichend schlafen. Obwohl ich mitten in der Nacht aufstand und einiges aß, nahm ich immer weiter ab, zuletzt waren es über fünfzehn Kilo. Außerdem wurde ich von massiven Herzrhythmusstörungen geplagt. Wenn ich eine Treppe mehr als fünf Stufen hochsteigen wollte, schlug mein Herz chaotisch und alarmierend schnell und wollte sich kaum beruhigen. Über ein Dutzend Ärzte, die ich konsultierte, wollten mir Tabletten verschreiben und überließen mich ansonsten meiner Hoffnungslosigkeit. Ein Arzt legte mir nahe, die Mandeln herausnehmen zu lassen, die oft als Krankheitsherd betrachtet würden. Ich suchte daraufhin eine junge HNO-Ärztin auf, die auch Kenntnisse in chinesischer Medizin besaß. Sie fragte mich gleich zu Beginn, wie ich auf die Idee käme, dass die Mandeln entfernt werden sollten. Als ich ihr meine Leidensgeschichte erzählte, entgegnete sie mir spontan, dass sie eine Borreliose vermute. Und diese Diagnose bestätigte sich. Nach drei Jahren wusste ich endlich, was mich so krank gemacht hatte. Einen Zeckenbiss, der der Auslöser dafür gewesen sein musste, hatte ich niemals bemerkt.

Um mehr über die Krankheit zu erfahren, besuchte ich eine Selbsthilfegruppe, an der über siebzig von diesem Virus infizierte Personen teilnahmen. Ich hörte dort die niederschmetternde Nachricht, dass ich – nachdem drei Jahre seit der akuten Infektion vergangen waren – keine Chance hätte, jemals wieder gesund zu werden. Diese Erfahrung treffe auf alle Gruppenteilnehmer zu, sagte die Leiterin der Gruppe. Das waren erschütternde Aussichten. Mein inneres Gespür hatte mich bis dahin vor Eingriffen der Ärzte durch Elektroschocks wegen Herzrasen und Operationen wegen des geschwollenen Knies sowie vor Medikamenten bewahrt. In dieser Zeit hatte ich mehrere Nahtoderlebnisse, einmal verbrannte ich sogar physisch bei lebendigen Leib unter unglaublichen Schmerzen. Ich fiel in die tiefste Krise meines Lebens. So konnte ich jahrelang nicht mehr arbeiten und meine finanzielle Lage verschlechterte sich zunehmend. Da mir alles vollkommen aussichtslos erschien – wollte ich mich dem Tod hingeben.

In dieser Zeit beschäftigte ich mich wieder intensiv mit spiritueller und astrologischer Psychologie. Anfang des Jahres 2000 ging es mir innerhalb kurzer Zeit besser und mein Körper regenerierte sich schnell. Ich nahm wieder an Gewicht zu. Die Krankheitssymptome verschwanden und ich fand wieder Ruhe in mir. Nach wenigen Monaten konnte ich sogar wieder joggen und anderen Sport treiben. Nach weiteren sechs Jahren ließ ich mich auf Drängen meiner Hausärztin hin fachärztlich untersuchen. Die Ergebnisse zeigten beste Werte in allen Bereichen.

Dieser kurze Ausflug soll den Hintergrund meiner Wandlung aufzeigen. Nachdem ich eine Entscheidung für das Leben getroffen hatte und mein Gesundungsprozess folgte, entspreche ich meinen Anlagen und möchte mit *Heilen der Seele* meine Erfahrungen und Erkenntnisse an andere weitergeben. Das spirituelle Wissen hat mir in der schweren Zeit den Weg gezeigt, der mich weiterführte. Ich würde mich freuen, wenn dieses Buch dazu beiträgt, mit der Verbindung von spiritueller Psychologie und astrologischer Symbolik neue Wege in Diagnostik und Therapie zu eröffnen.

Kapitel 5

Pioniere einer neuen Zeit – Die Deutung ihrer Horoskope

Ramana Maharshi – der große Weise Indiens*

Ramana Maharshi (1879–1950) gilt als der große Weise Indiens. Er ist der wahrscheinlich bedeutendste Weisheitslehrer der Neuzeit und so bekommen seine grundlegenden Erfahrungen über die spirituelle Entwicklung des Menschen in unserer Zeit eine immer größere Bedeutung. Sie sind für alle Menschen, die einen Weg der spirituellen Entwicklung gehen, von unschätzbarem Wert. Seine Anhänger sind Suchende aus allen Religionen und Weltanschauungen. In seiner Lehre finden sie das Wesentliche ihrer eigenen Religion und gleichzeitig das, was alle Religionen verbindet und was über sie hinausführt. Ramanas Erkenntnisse in Bezug auf das wahre Wesen von Ich, Welt und Gott und den Pfad der Selbstergründung können die Menschen zur Befreiung führen.

* Die Horoskope dieser Persönlichkeiten finden Sie im Anhang des Buches unter „Die Horoskope in alphabetischer Reihenfolge“ (Seite 164 ff.)

In den letzten Jahren, besonders seit 1990, fand Ramana Maharshis Lehre im Westen starke Resonanz. Aus seiner Linie und der seines bedeutenden Schülers H.W.L. Poonjaji gingen so viele Menschen hervor, die erwacht beziehungsweise zum Selbst gekommen sind wie sonst aus keiner Nachfolge eines spirituellen Lehrers. Moderne Bewusstseinsforscher wie Ken Wilber und Willigis Jäger bezeichnen Ramana Maharshi als einen Lehrer, der die grundlegenden Erkenntnisse der Selbstdarstellung des Menschen in einer einmaligen Form verkörpert hat. In der nachfolgenden Darstellung sollen die Anlagen, die die außergewöhnlichen Fähigkeiten von Ramana Maharshi begründen, auf der Grundlage seines Kosmogramms dargestellt werden.

„Ich bin unsterblicher Geist"

Das Aspektbild im Kosmogramm von Ramana Maharshi wird von einer großen Figur bestimmt. Als Besonderheit sind alle sechs Planeten (inklusive der Konjunktion) in diesem Fünfeck nahe den Talpunkten anzutreffen. Das heißt, dass die Mehrzahl seiner Kräfte am Zweidrittel-Punkt des jeweiligen Hauses liegen und damit nach innen gerichtet sind. Gleichzeitig stehen sie in den Zeichen verhältnismäßig stark. In diesen Stellungen ist die Stille das wirkungsvolle Verfahren, um das innere Potenzial zu erschließen, damit keine Staustellung entsteht, denn: Die innere Energie ist hier bei einem egohaften Bewusstseinszustand im Außen nicht gefragt. Bereits im Alter von sechzehn Jahren machte Ramana die Erfahrung des Sterbens, die sein Leben entscheidend veränderte. Er erlebte, dass das Selbst voll bewusst und unabhängig vom Körper fortbestand, dem Prozess des Sterbens also nicht unterworfen war. Weiter beobachtete er, dass der physische Körper stirbt, der ihn transzendierende Geist vom Tod aber nicht berührt werden kann. Daraus schloss er, dass er unsterblicher Geist ist.

Nach dieser außergewöhnlichen Erfahrung verließ er seine Familie bereits als junger Mensch plötzlich und ohne Abschied, machte sich auf den Weg zum heiligen Berg Arunachala und verweilte dort in tiefer innerer Versenkung. Wir können im Kosmogramm sehen, dass die Opposition als Symmetrieachse in der oben genannten Figur mit Uranus als Spannungsherrscher zu Jupiter (Eingebung und Ideenreichtum) das stärkste und herausforderndste Element im Horoskop von Ramana ist. Die Jupiter-Uranus-Opposition (wache Sinne, Vorausblick) kann zur Quelle der Inspiration werden. Insgesamt sechs Planeten in der großen fünfeckigen Aspektfigur werden von dem gegenüberstehenden Uranus gesteuert, der spirituelle Grenzen sprengen will. Da alle sechs beteiligten Planeten wie Uranus (erfinderischer Geist), Mars (praktische Fähigkeiten), Neptun (schöpferische Gestaltung), Saturn (Ausdauer), Jupiter (Selbstlosigkeit) sowie Sonne (Willensstärke) in der Nähe des Talpunktes stehen, kann dieses beeindruckende innere Potenzial zu tiefer Erkenntnis führen.

Ramana erreichte in seiner spirituellen Einsicht eine Tiefe, die alle Systeme der Religion und der Philosophie transzendierte. Der intuitive Uranus als Spannungsherrscher entfaltet hier seine grenzüberschreitenden Kräfte in Verbindung mit den Aspekten zu den sechs Planeten in der großen Figur. Auffallend ist, dass sich die drei Persönlichkeitsplaneten Saturn (Körper), Mond (Seele) und Sonne (Geist) in den kardinalen Zeichen an den Hauptachsen befinden. Das heißt, dass sich seine Persönlichkeit im Laufe der spirituellen Bewusstseinsprozesse zum Selbst weiterentwickeln konnte.

„Wer bin ich?“

Der Frage „Wer bin ich?“ ging Ramana mit großen Ausdauer auf den Grund (fünf Planeten in Zeichen, die dem Element Erde zugeordnet werden, und ebenso viele im fixen Kreuz) und gleichzeitig mit innerer Intensität (dreifarbige Aspekte). Und so verbrachte er sein weiteres Leben am heiligen Berg Arunachala. Ab 1896 schwieg er viele Jahre lang, wobei er später Fragen von Suchenden auf einem Zettel beantwortete. Es war um das Jahr 1907, als er wieder zu sprechen begann. Durch das Sich-nach-innen-Wenden erlangte er, allein in der Stille mit der Frage „Wer bin ich?" große Weisheit, ohne jemals größere Studien absolviert oder Bücher gelesen zu haben.

Mit den vier kardinalen Zeichen an den Hauptachsen, die gleichzeitig die drei Persönlichkeitsplaneten beinhalten, besaß er eine ungeheure Selbstdisziplin und war in seiner spirituellen Arbeit zielgerichtet. Er ließ sich von niemandem ablenken, auch nicht von seiner Mutter, die ihn nach zweieinhalb Jahren endlich fand und zurückholen wollte. In späteren Jahren zogen auch die Mutter und der jüngere Bruder als Sannyasins in seinen Ashram. Für Ramana war mit Mond, der in seinem eigenen Zeichen Krebs an höchster Stelle am MC steht, die Liebe das höchste Prinzip in seinem Leben. Diese Stellung wurde verstärkt durch den fünffach aspektierten geistigen Planeten Neptun im 7. Haus, dem der Begegnung, was seine liebevolle spirituelle Ausstrahlung noch um ein Vielfaches erhöhte.

Grundsätzlich lehnte Ramana es ab, als Guru zu wirken. Er sah alle Menschen, die ihm begegneten, als gleichwertig an. Mit dieser Einstellung machte er seine Unterweisungen. Die Menschen spürten durch seine Anwesenheit die innere Kraft, die von ihm ausging, ohne dass er sprach. Die Ausstrahlung seiner Person wirkte manchmal so machtvoll, dass Menschen allein durch seine Anwesenheit auf die Ebene ihrer inneren Bewusstheit zurückgebracht wurden. Ramanas Besonderheit lag darin, dass er weniger durch Worte, sondern eher durch Schweigen lehrte. Er hatte erfahren, dass das Selbst die höchste beseligende ursprüngliche Wirklichkeit und ihre Ausdrucksform Schweigen ist. Dadurch verwies er den Fragenden ohne Umwege auf das Selbst. Er sagte weiter, dass das Selbst frei sei von allen Eigenschaften und dass es gute und schlechte Eigenschaften nur für den Verstand gebe. So wurden durch seine klaren Aussagen im Laufe der Jahre immer mehr Menschen aus aller Welt angezogen.

„Ich bin, der ich bin"

Die intensive, nach innen gewandte Opposition des exponiert stehenden Uranus zu Jupiter befindet sich auf der beweglichen Zeichenachse Jungfrau–Fische. Das bedeutet, dass er seiner Zeit mit seiner großen Wachheit weit voraus war. In den späteren Jahren seines Lebens war seine Botschaft: „Ich bin, der ich bin", die er als Grundlage jeder Weiterentwicklung manifestierte und vermittelte. Aus seiner unmittelbaren Einsicht heraus beantwortete Ramana die ihm gestellten Fragen über Theorie und Praxis der Meditation und Kontemplation. Seine Lehren und Unterweisungen sind größtenteils in Form von Gesprächen überliefert, die er mit Ratsuchenden aus aller Welt führte, darunter waren Paul Brunton (1898–1981), Swami Yogananda (1893-1952) und viele andere.

Die spirituelle Übung der Selbstergründung (*Atma Vichara*) umfasst die höchste Form von Hingabe (*Bhakti*). Selbsterkenntnis und Selbstentwicklung sind die grundlegenden Aufgaben des Menschen. Eine klar erforschte astrologische Symbolik ist hier das optimale Instrument, um diese Prozesse zu begleiten und vor Umwegen und Dissonanzen zu schützen. Bevor Ramana Maharshi seinen Körper im Jahr 1950 verließ, sagte der Erleuchtete zu den Zurückbleibenden: „Das, was ich bin, kann nicht sterben, weil es nie geboren wurde."

Willigis Jäger – ein moderner Mystiker

Der Benediktiner-Pater und Zen-Meister Willigis Jäger (geboren 1925) gilt im Bereich von Religion und Mystik als ein bedeutender, mutiger spiritueller Lehrer und Forscher. Er wirkt mit großem Erfolg am Benediktushof, dessen Gründer und spiritueller Mentor er ist.

Das Ziel von Willigis Jäger ist es, die Religionen als eine Manifestation des Im-Hier-und-jetzt-Seins zu erkennen und zu leben, wobei dieser Ansatz über alle Konfessionen hinausgeht. Er vermittelt ein neues Welt- und Menschenbild, das den Forschungsergebnissen der transpersonalen Psychologie sowie den modernen Naturwissenschaften wie Physik, Bio- und Nanotechnologie entspricht. Die Erfahrung der Transzendenz ist die zentrale Quelle aller Religionen. Im Christentum ist es die Mystik, im Buddhismus sind es Zen und Vipassana, im Hinduismus ist es Yoga, im Judentum die Kabbala und im Islam ist es der Sufismus.

Die Offenheit für das Weibliche

Von Willigis Jäger geht eine intensive Lebenskraft aus. Im Horoskop zeigt sich diese dynamische Veranlagung in den beiden kardinalen Hauptachsen mit einem Widder-Aszendenten und Pluto am IC. Weiterhin entsprechen Häuser und Zeichen im Kosmogramm der Grundordnung des astrologischen Systems. Die Übereinstimmung zwischen der inneren Anlage (Zeichen) und dem äußeren Verhalten (Häuser) gibt diesem Menschen eine große harmonische Ausstattung mit auf den Weg, da zwischen Zeichen und Häusern (Widder im 1. Haus, Stier im 2. Haus etc.) nahezu keine Disharmonien – wie sie bei vielen Menschen anzutreffen sind – auftreten.

Eine besondere Veranlagung hat er mit der Ballung von vier Planeten im 12. Haus im Zeichen Fische. Das 12. Haus ist das Haus des Sich-nach-innen-Wendens mit einem direkten Zugang zum Transpersonalen und zur Mystik. Als Persönlichkeit vermag es Willigis Jäger, sich besondere spirituelle Fähigkeiten zu erarbeiten (Sonne), die er über Sprache und Schrift

(Merkur) verständlich nach außen bringen kann. Die Offenheit für das Weibliche und Ganzheitliche und dessen besondere Bedeutung ist hier ebenfalls angezeigt (Venus im Stressbereich vor der Spitze des 12. Hauses). Und schließlich kann diese Persönlichkeit ihre schöpferische Intelligenz optimal zur Erforschung des Transpersonalen (Uranus im 12. Haus) einsetzen. Alle diese Anlagen, die sich im Tierkreiszeichen Fische befinden, ermöglichen eine Öffnung für das Transzendente und sind in ihrer Komplexität vielfältig nutzbar.

Gleichzeitig ermöglichen es sechs Planeten im Element Wasser, dass tiefe Gefühle und Empfindungen ausgedrückt werden, und fünf Planeten im 4. Quadranten können das Bewusstsein für Mystik und Zen öffnen.

Das Horoskop von Willigis Jäger zeigt eine große Aspektfigur, die aus vielen unterschiedlichen Aspekten zusammengesetzt ist. So sind diesem Menschen große Entwicklungsmöglichkeiten gegeben. Das Aspektbild wird gemäß langjähriger Forschungen als die innerste Schaltung im Bewusstsein des Menschen und damit als Ausdruck seiner Lebensmotivation betrachtet.

Sein Kosmogramm kann durch die rundum verteilten Planeten und Aspekte als das Horoskop eines „Allrounders" bezeichnet werden. Erst im fortgeschrittenen Alter konnte Willigis Jäger seine weitreichende Lebensaufgabe umzusetzen.

Zen und Mystik

Die vielen Aspekte erfordern Anstrengungen und viel Zeit. Das Potenzial, das im Horoskop angelegt ist, kann deshalb oft erst im letzten Drittel des Lebens voll erschlossen werden, wie sich dies auch in Willigis Jägers Lebensgeschichte offenbart. So hat er sich erst mit über fünfzig Jahren während eines sechsjährigen Aufenthaltes im Zen-Zentrum der *Sanbo Kyodan*-Schule im japanischen *Kamakura* dem Transpersonalen und Spirituellen geöffnet.

Seine Zen-Erfahrungen waren umfassend. Er erkannte während dieser äußerlich stillen, innerlich aber sehr bewegten Zeit die herausragende Bedeutung der abendländischen Mystik, die dem östlichen Zen in nichts nachsteht, sondern ihm vollkommen ebenbürtig ist. Bereits als Student hatte er alle Bücher zum Thema „Mystik" gelesen, die er in der Klosterbibliothek finden konnte. Fast wäre er aus diesem Grund aus dem Orden der Benediktiner ausgeschlossen worden.

Willigis Jäger hat großes Selbstvertrauen (Sonne) und einen unerschöpflichen Optimismus (Jupiter), was sich in seinem Grundhoroskop in einem gradgenauen Sonne-Jupiter-Sextil zeigt. Dieser Aspekt wird auch „Glücks-und-Erfolgs-Aspekt" genannt. Es ist seine Berufung, mit Freude und Humor im Jetzt zu sein und dadurch als Vorbild und Mentor für andere zu wirken (Jupiter im 10. Haus der Individuation in Steinbock sowie vier Planeten im 12. Haus der Verinnerlichung und in Fische). Im Jahre 1996 wurde Willigis Jäger eine Zen-Lehrerlaubnis übertragen, die ihn als 86. Nachfolger des Shakyamuni-Buddha ausweist und ihm als Zen-Meister die Erlaubnis gibt, andere in dieser Nachfolge zu bestätigen.

Transzendenz

In der heutigen Zeit wird die Öffnung der Religionen in eine spirituelle Dimension hinein immer wichtiger. Denn es fällt uns zunehmend schwerer, die vorhandenen Probleme mit den zur Verfügung stehenden Mitteln zu lösen. Wir benötigen einen neuen Ansatz jenseits des Verstandes, um Zeichen setzen zu können in einer Zeit, in der wir uns großen Herausforderungen im Bereich der globalen Finanz- und Wirtschaftswelt und des Klimas gegenüberstehen sehen.

Allein die Erfahrung der Transzendenz als Hauptquelle aller Religionen gibt uns die Kraft, den Alltag zu meistern und zu spüren, dass alles mit allem verbunden ist. Hier präsent zu sein durch

Nichttun, ist der Weg, um Probleme auf einer tieferen Ebene zu verstehen und aufzulösen. Wenn wir durch Nach-innen-Wenden den Urgrund der Religionen erfahren, können wir über alle Konzepte und Vorstellungen des Verstandes hinausgehen. Die Erfahrung der Mystik zeigt den Weg in die Einheit, wo das Ego-Denken und damit Gier, Hass und Gewalt transformiert werden. Dieser Weg kann von jedem beschritten werden.

Insgesamt werden die Erfahrungen im Bereich des Transzendenten für die Entwicklung der Menschheit von großer Bedeutung sein. Willigis Jäger sagt dazu, dass in unserem Innern Schätze lägen, die wir nicht entdeckten, weil wir draußen suchten. Anzeichen deuten darauf hin: Das 21. Jahrhundert wird das Jahrhundert der Spiritualität.

Bruno Huber – der Pionier der Astrologischen Psychologie

Bruno Huber (1930–1999) hat Ende der 1950er Jahre die Astrologie auf der Grundlage der transpersonalen Psychologie erforscht. Er hat die Astrologie auf diese Weise grundlegend erneuert und auf ein neues Fundament gestellt. Als bedeutender astrologischer Forscher und Lehrer hat er sich in der Welt einen Namen gemacht. Die folgenden Ausführungen sollen seinen Lebensweg veranschaulichen – selbstverständlich vor einem astrologisch-psychologischen Hintergrund.

Eine bewegte Kindheit und Jugend

Bruno Huber wuchs in der Nähe von Zürich auf. Seine Mutter führte einen kleinen Friseursalon. Er war in seiner Kindheit viel allein und sich selbst überlassen. So konnte er sich intensiv mit seiner Innenwelt beschäftigen. Das änderte sich, als die Familie nach

Zürich zog und er zu den Pfadfindern ging. Als Feldmeister entwickelte er dort bereits in der Jugend Führungsqualitäten. Sport war für ihn eine gute Möglichkeit, seine Leistungsfähigkeit zu erproben. Er erzielte Spitzenergebnisse im Tauchen, Bergsteigen, Ski- und Radfahren.

Bruno Huber studierte neben Physik und Psychologie auch Astronomie. Da sich sein Professor bei Vorlesungen immer, wenn die Sprache auf die Astrologie kam, sehr erregte und ausfallend wurde, fragte sich Bruno Huber , was es denn mit dieser uralten Wissenschaft auf sich habe. Den ersten Kontakt zur Astrologie bekam er also bereits mit siebzehn Jahren. In den Nachkriegsjahren erstand er seinen ersten astrologischen Bücher. Er stellte eine eher mittelalterliche und fixe Ausrichtung in der Astrologie fest, die seiner Meinung nach dem modernen Menschen in keiner Weise gerecht wurde. Nachdem er die Werke von mehr als einem Dutzend Astrologen geprüft hatte, war er durch die außerordentliche Vielfalt astrologischer Deutungsmöglichkeiten verunsichert, aber auch in gewisser Weise verzweifelt, da er keine einheitliche Ausrichtung erkennen konnte. Um den Glauben an sich selbst nicht zu verlieren, warf er seine Bücher fort. Die darauf folgende Zeit in der Schweizer Militärschule brachte ihn auf andere Gedanken.

Seine revolutionären psychologischen Forschungen

Bruno Huber war mit Sonne im Tierkreiszeichen Schütze im 9. Haus von einer großen Freiheitsliebe geprägt. Er stellte den intuitiven Forscher par excellence dar (Uranus an der Spitze des 2. Hauses im Feuerzeichen Widder). Er war lern- und wissbegierig, ein souveräner Kommunikator und ein überaus begabter Redner (Merkur am MC im Zeichen Schütze). Seine höchste Herausforderung und Bestimmung bestand darin, „wahres" Wissen zu erforschen und zu vermitteln (Sonne am MC und im Zeichen Schütze und im 9. Haus).

1955 begann Bruno Huber in einem zweiten Anlauf, die astrologischen Grundlagen zu erforschen. Indem er die Astrologie auf der Grundlege der modernen Psychologie betrachtete, orientierte er sich neu. Sein ganzheitliches Denken führte ihn aus der Enge der alten Astrologie des Mittelalters heraus und ermöglichte ihm eine Auseinandersetzung mit dem Menschen und seiner Psyche. Bruno Huber konnte an sich selbst erfahren, dass die Deutungsmöglichkeiten der Astrologie durch die Anwendung eines ganzheitlichen Denkens strukturierter wurden.

Für seinen beruflichen Werdegang war die Zeit in Florenz/Italien von 1959 bis 1961 der entscheidendste Abschnitt in seinem Leben. Aufgrund eines Stipendiums, das die *Psychosynthesis Research Foundation* aus den USA ihm zur Verfügung stellte, verbrachte er drei Jahre als Assistent bei dem Psychiater und Psychoanalytiker Professor Roberto Assagioli. Dieser war einer der ersten Psychotherapeuten, der die Tiefenpsychologie mit der sogenannten Höhenpsychologie, das heißt mit dem Transpersonalen und Spirituellen verband. Diese Verbindung nannte er „Psychosynthese". Durch seinen Artikel „Von der Psychoanalyse zur Psychosynthese" in einem internationalen medizinischen Journal im Jahre 1934 wurde er innerhalb kürzester Zeit berühmt. Aus der ganzen Welt kamen Klienten zu ihm.

Roberto Assagioli beauftragte Bruno Huber, Texte für ein Handbuch der Psychosynthese zusammenzustellen. Im Therapiezentrum stieß Bruno Huber auf einen Schatz von ganzheitlichem Wissen und auf viele Hundert Patientengeschichten. So konnte er, als er die Texte für das Handbuch fertiggestellt hatte, seine astrologischen Forschungen um den Bereich der Psychosynthese erweitern und mit Roberto Assagiolis Unterstützung weiterführen. Mit den Fallgeschichten der Klienten, die er auch befragen konnte, betrieb Bruno Huber astrologische Grundlagenforschung. Bei seiner Untersuchung des Häusersystems entdeckte er zuerst die

„Intensitätskurve“ mit dem Talpunkt im Haus und kurz darauf die gleiche Dynamik im Gesamthoroskop. Später erfolgte die Erforschung der „Altersprogression“.

Traumberuf: Forscher und Astrologielehrer

Auf die produktive Zeit in Florenz folgten sechs Jahre des Forschens in Zürich. Für Bruno Huber war dieser Lebensabschnitt dunkel, da sie finanziell schwierig und die Zukunft ungewiss war, andererseits war es innerlich die hellste und lehrreichste Zeit seines Lebens. Er hatte seinen Traumberuf als Forscher und Astrologielehrer gefunden. Aufgrund der Erkenntnisse der vorangegangenen Jahre entwickelte er ein neues Lehrkonzept, das er „Astrologische Psychologie“ nannte. Bereits 1968 trat er damit an die Öffentlichkeit und gründete gemeinsam mit seiner Frau Louise die Huber-Schule.

Offenbar war die Zeit reif für diese ganzheitliche Methode, die bald in Zürich, dann in der ganzen Schweiz, daraufhin in Deutschland und später auch in anderen Ländern der Welt bekannt wurde. Bruno und Louise Huber nahmen weltweit an Astrologie-Kongressen teil. Den Anfang machte 1972 eine Einladung zu einem Kongress nach Montreal in Kanada, Veranstaltungen in den USA, England, Brasilien, Moskau und Prag folgten. Bruno Huber, der sein Wissen auf einfache, unkomplizierte und freundliche Art darstellte, wurde mit seinem revolutionären, zukunftsweisenden System schnell bekannt. In weniger als zwanzig Jahren entwickelte sich die Astrologische Psychologie zu einer der weltweit anerkanntesten astrologischen Methoden.

Ein besonderer Verdienst Bruno Hubers ist die Entdeckung und Deutung der Aspektfiguren. Anhand des Aspektbildes ist es möglich, die Psyche des Menschen zu erkennen, denn auf dieser Ebene des Horoskops ist die Lebensaufgabe des Einzelnen angelegt. Die Spirituell-Astrologische Psychologie kann die innere Motivation eines Menschen auf dieser Ebene schnell und zuverlässig erfassen. Diese Möglichkeiten und ihre Auswirkungen sind in der Psychologie und in der Psychotherapie bis heute bedauerlicherweise noch zu wenig bekannt.

Wahre Astrologie ist einfach

Bruno Hubers Erfolgsrezept war es, alles vorhandene Wissen in Diagramme und Abbildungen zu übertragen, um auch schwerer verständliche Sachverhalte anschaulich darzustellen. Davon zeugen die verwendeten Zeichnungen und Aspektbilder im Horoskop, die das Potenzial eines Menschen symbolisch darstellen. Sie sind aussagekräftig, denn: Ein Bild sagt ja bekanntlich mehr als tausend Worte.

Bruno Huber stellte, was die klassische Astrologie anbelangt, fest, dass deren Aussagen sich nur zu 30 bis 50 Prozent bestätigen, und das war ihm entschieden zu wenig. Er setzte sich das hohe Ziel, eine Deutungsweise zu finden, die zu 90 Prozent zutrifft. Alles, was diesem hohen Anspruch nicht genügte, wurde weggelassen. Im Gegenzug konnte er die Gesetzmäßigkeiten, die sich aus seinen Forschungen in Florenz und Zürich an insgesamt etwa 1000 Fallgeschichten als richtig erwiesen hatten, in sein neues astrologisches System integrieren.

Durch die drei Jahre bei Roberto Assagioli in Florenz war es dem Forscher Bruno Huber vergönnt, seine innere Lebensaufgabe zu erkennen und sie dort unter idealen Bedingungen im Außen umzusetzen: Die Planeten Sonne, Mond, Pluto, Jupiter und Mars stehen jeweils am Talpunkt und alle drei Persönlichkeitsplaneten besitzen Aspekte zu spirituellen Planeten, so entstehen ein Sonne-Mars-Quadrat (Hingabefähigkeit), ein Mond-Pluto-Trigon (große Gefühle) und ein Saturn-Uranus-Quadrat (Grenzen sprengen).

Er hatte begonnen, die größtenteils antiquierte, psychologisch ungenügend ausgerichtete Astrologie, von Grund auf neu zu strukturieren und diese für jedermann verständlich, das heißt einfach und anschaulich darzustellen. Besonders wichtig ist, dass er bei seinen Forschungen auf die Wurzeln der Astrologie zurückgriff, die die Sumerer bereits vor fünftausend Jahren entwickelt und die Griechen mit ihren mathematischen Kenntnissen ausgearbeitet hatten.

Zu dieser Zeit war das Wissen noch unverfälscht und wurde von den Priestern im Auftrag des Herrschers zum Wohle des Volkes eingesetzt. Später, vor allem im Mittelalter, wurde das astrologische Wissen von den Herrschern und der Kirche zur Mehrung von Macht und Reichtum und für fatalistische Vorhersagen missbraucht.

Aufgrund ihrer Erfahrungen und ihrer weltweiten Beziehungen beschlossen Bruno und Louise Huber ab 1981, astrologische Weltkongresse in der Schweiz zu veranstalten. Hierzu nahmen sie die Astrologen Claude Weiss und Uli Sauter mit ins Boot. Die alle drei Jahre stattfindenden großen Veranstaltungen waren äußerst erfolgreich.

Die tiefe Prägung der Seele offenbart sich im Aspektbild

Bruno Huber war ein sehr gefühlsbetonter Mensch mit einer einmaligen Kontaktfähigkeit, das heißt, er hatte praktisch keine Feinde. Er hatte ein großes Herz, war stets hilfsbereit (Neptun im 7. Haus am DC, Mond in Fische) und stellte große Anforderungen an sich selbst (Mond-Pluto-Trigon). Sein Fähigkeit, in Symbolen zu denken, und seine ganzheitlich ausgerichtete Intelligenz waren besonders ausgeprägt (Merkur-Jupiter-Quincunx), wobei er seine große Sinnesschärfe in der Beobachtung für eine visionäre Vorausschau einsetzen konnte (Jupiter-Pluto-Konjunktion). Dabei sprengte er die Grenzen der klassischen Astrologie, um Altes mit Neuem zu verbinden (Saturn-Uranus-Quadrat). Er war ein bedeutender Erneuerer.

Bruno Huber hat das einmalige Wissen seiner Forschung gemeinsam mit seiner Frau Louise und seinem Sohn Michael in einem achtbändigen Werk veröffentlicht, das in zwölf Sprachen übersetzt wurde. Er hat damit ein Gesamtwerk der Astrologischen Psychologie geschaffen.

Wolfgang Amadeus Mozart – musikalisches Wunderkind

Wolfgang Amadeus Mozart (1756–1791) war ein Genie, wie es in der Musik vor ihm noch nicht vorgekommen war und wahrscheinlich auch nicht mehr vorkommen wird.

Mozart – ein Vollendeter?

Wolfgang Amadeus Mozart schuf unvergleichliche Kompositionen. Seine Musik ist einfach, aber trotzdem – oder vielleicht gerade deshalb – tief gehend und in gewisser Weise vollständig. Manche Menschen meinen, dass er sich über seine Musik mit dem Überirdischen und Transpersonalen zu verbinden wusste. War er ein Instrument des Himmels, ein Vollendeter?

Über Mozart wurden bereits weit über 20.000 Bücher und unzählige Dissertationen, Aufsätze etc. geschrieben. Der Dirigent Nikolaus Harnoncourt sagte in einem Interview: „Wie ein Mensch von acht Jahren solch eine künstlerische Weisheit besitzen kann, ist einfach unfassbar. Für mich ist Mozart sozusagen fertig vom Himmel gefallen. Wir haben nicht den Maßstab, seine Genialität zu messen. Das Einzigartige, das seine Musik ausmacht, bleibt auch für mich letztendlich unerklärlich ... Aber nach fünf Takten Mozart weiß man sofort: Das kann man nicht anders sagen. Es gibt einfach nur eine Erklärung: Atheisten nennen sie Musenkuss, Gläubige den Griffel Gottes.“[4] Im Folgenden werde ich mit dem Instrument der Spirituell-Astrologischen Psychologie versuchen, dem Geheimnis „Mozart“ näherzukommen.

Eine spirituell-astrologische Betrachtung

Die Entdeckung des Aspektbildes als innerste Schaltung des Bewusstseins macht es möglich, das wirkliche Potenzial eines Menschen zu erfassen. Im Horoskop von Wolfgang Amadeus Mozart finden wir bedeutende Anlagen, die auf eine außergewöhnliche Begabung hinweisen. Oppositionen zum Beispiel stellen im Horoskop immer die größten Herausforderungen dar. Sie führen direkt durch die Mitte, das heißt symbolisch durch den Wesenskern und beleben damit den Menschen in seiner tiefsten Anlage.

Forschungen haben ergeben, dass Planeten am absteigenden Mondknoten Fähigkeiten besitzen, die wir wahrscheinlich aus früheren Inkarnationen mitbringen. Was Mozart anbelangt, so wird oft vermutet, dass er vieles von seiner Genialität mitgebracht hat, da es selbst bei bester Schulung nahezu ausgeschlossen ist, dass sich ein Kind in so jungen Jahren – bereits mit sechs bis acht Jahren – ein solch umfassendes Wissen aneignen kann. In seinem Horoskop ist diese überragende Begabung durch den Planeten Uranus im Zeichen Fische angezeigt. Uranus steht auf der äußerst markanten Hauptachse AC–DC. Dieser Planet steht für die Kreativität und die Intuition seines Forschergeistes: Mozart will Grenzen sprengen, Polaritäten aufheben und entfaltet hier eine einmalige Fähigkeit, die Menschen über ihre Gefühle zu erreichen. Dies kann mithilfe des äußerst durchlässigen, einfühlenden und medialen Fische-Zeichens am DC geschehen. Der unruhige und schöpferische Planet Uranus ist die am stärksten wirkende Kraft in Mozarts Horoskop und stellt in dieser Stellung die größte Herausforderung dar.

Weiter bedeutet die Opposition der Sonne-Merkur-Konjunktion zu Neptun die optimale Öffnung des mentalen Ich (Sonne) und der kommunikativen Kräfte (Merkur) zur transpersonalen Liebe (Neptun). Hier fragt man sich, ob es ein noch größeres Engagement im Bereich der göttlichen Liebe geben kann? Außerdem zeigt eine äußerst enge Mond-Pluto-Konjunktion ein einmaliges Gefühlspotenzial an. Hier ist ebenfalls eine Öffnung und eine mögliche Transformation der Gefühle – zum Beispiel durch die Musik – möglich, wie sie kaum noch gesteigert werden kann. Das Jupiter-Pluto-Sextil schenkt Mozart eine tiefe visionäre Veranlagung. Die gradgenaue Sonne-Merkur-Konjunktion (Ausdrucksfähigkeit), die Sonne-Neptun-Opposition (Engagement und Liebe) sowie die starke Merkur-Neptun-Opposition (feiner Spürsinn) stellen zusammen mit der gradgenauen Mond-Pluto-Konjunktion (große Gefühle) sowie dem starken Mond-Jupiter-Sextil (Fähigkeit des Erlebens) die innere Berufung und damit die Lebensaufgabe Wolfgang Amadeus Mozarts dar: einzigartige klassische Musik in die Welt zu bringen.

Genie und Grenzgänger

Besonders auffällig ist, dass die drei geistigen Planeten Uranus, Neptun, Pluto durch rote Aspekte mit den Persönlichkeitsplaneten Sonne und Mond in Beziehung stehen (IV.4). Diese besonderen Verbindungen stellen eine Aufforderung zur Grenzüberschreitung vom Persönlichen zum Überpersönlichen, Transpersonalen und Spirituellen dar. Für Mozart war die Musik das Medium, um sein Innerstes nach außen zu bringen und damit in der Welt und für die Menschen zu wirken (sieben Planeten in der rechten Horoskophälfte, der sogenannten Du-Hälfte). Die vielfältigen und großen Herausforderungen führten ihn oft an die Grenze seiner Leistungsfähigkeit. Es ist überliefert, dass er, um Spannungen abzureagieren oft ungewöhnliche Späße machte. Denn die Grenzen zwischen Genie und Wahnsinn waren bei ihm oft verwischt.

In seinen 35 Lebensjahren war Mozart insgesamt mehr als zehn Jahre auf Reisen. Obgleich er sich in seiner dritten Lebensphase nahezu zehn Jahre lang in Wien aufhielt, ist er in der Zeit dreizehnmal umgezogen. Diese Unstetigkeit wird vor allem durch Uranus am DC und die zwei veränderlichen Hauptachsen sowie das insgesamt aus einzelnen Strichen bestehende Aspektbild im Kosmogramm erkennbar.

Der Zugang zu höheren Ebenen

Uranus ist der äußerst kreative geistige Planet, der besonders unter Druck mit plötzlichen unmittelbaren intuitiven Einfällen alle persönlichen Grenzen sprengen kann. So hat Mozart zum Beispiel in Prag morgens in wenigen Stunden die Ouvertüre zu seiner Oper *Don Giovanni* geschrieben, die dann am Abend ohne vorherige Probe zur Uraufführung gespielt wurde. Viele seiner Meisterwerke wurden in sehr kurzer Zeit komponiert. In nur sechs Wochen soll er *Die Hochzeit des Figaro*, eine der vollkommensten Opern der Musikgeschichte, geschrieben haben.

Sollen alle oben genannten Aspektverbindungen auf der spirituellen Ebene gelebt werden? In Mozarts Fall erzwingen die roten Aspekte das geradezu. Außergewöhnlich gefördert wird sein künstlerisches Potenzial durch die drei kreativen Planeten Mars, Venus und Saturn, die alle drei auf der Häuser- und der Zeichen-Ebene eine Sonderstellung einnehmen: Sie stehen einerseits an den Talpunkten der Häuser – also nach innen gerichtet –, andererseits befinden sie sich gleichzeitig an den Zeichengrenzen (IV.11), die eine Innenorientierung voranbringen können. In diesen besonderen Haus- und Zeichenstellungen können Mars, Venus und Saturn im Alltag wenig erfolgreich eingesetzt werden. Wir wissen von Mozarts Schwierigkeiten in seinem Privatleben.

Neue Forschungen eröffnen hier besondere Lösungen: Wenn wir uns bei den vorgenannten Konstellationen, dem Spirituellen und auch dem Musischen zuwenden, wandeln sich diese Anlagen in Potenziale, die längerfristig zur Bestform reifen. Wie Mozarts Kosmogramm und sein Leben zeigen, können sie zu einem Geschenk Gottes reifen. Mit Neptun an der Spitze des 12. Hauses in Opposition zur Sonne konnte er die Menschen tief im Herzen berühren. Wolfgang Amadeus Mozart verbrachte sein Leben auf zwei Ebenen. Über ihn wurde berichtet, dass er sich in einen ganz anderen Menschen, ja in ein göttliches Wesen verwandelte, wenn er sich ans Klavier setzte. Von Mozart kann man sagen, dass sich ihm 90 Prozent seiner spirituellen Kräfte in der Musik erschlossen. Mozart gelangte durch die Musik in den Raum der Einheit des Über-Weltlichen.

Die Transformation der Gefühle

Der Dirigent Simon Rattle sagte in einem Gespräch: „Die Wahrheit über Mozarts Musik ist, dass sie zutiefst emotional ist und leidenschaftlich und dunkel und gefährlich und fröhlich wie keine andere, die je geschrieben wurde. Und wenn man sie spielt, indem man ihr mit Vorsicht begegnet, hat man ein Problem. Alles in dieser Musik ist so natürlich, dass man die Regeln vergessen muss. Man muss ein Fundament haben, auf dem alles selbstverständlich aufbaut. Aber dann muss man das Fundament vergessen."[5]

Mozart war in seinem Privatleben ein Mensch mit vielen Fehlern, aber seine Musik war vollkommen. Er war ein göttliches Instrument, wie es diese Welt selten erlebt hat, und seine Musik – wie gute Musik überhaupt – wird noch vielen Menschen Trost und Freude schenken: Sie hebt den Menschen auf eine spirituelle Ebene, auf der es keine Probleme gibt.

Albert Einstein – der Pionier der modernen Physik

Albert Einstein (1879–1955) hat bereits im Alter von sechsundzwanzig Jahren die Physik revolutioniert. Der kleine Beamte vom Patentamt in Bern wurde zum bedeutendsten Forscher des 20. Jahrhunderts.

Auf der Suche nach Freiheit

Einsteins Leistungen in der Schule waren hervorragend, solange er frei lernen konnte (Uranus als Spannungsherrscher im 3., beweglichen Haus). Fühlte er sich aber durch die Lehrer unterdrückt, so erlahmten seine Kräfte und seine Leistungen wurden schlecht. Diese Erfahrung machte er besonders am eher autoritär geführten Gymnasium in München, das er mit fünfzehn Jahren ohne Abschluss verließ. Auch die Vorlesungen am Zürcher Polytechnikum besuchte er oft nicht, stattdessen widmete er sich lieber „mit heiligem Eifer", wie er es später ausdrückte, den Werken der großen Theoretiker der Physik. Bereits mit sechzehn Jahren war Einstein der Widerspruch zwischen Maxwells und Newtons Grundaxiomen aufgefallen.

Bis 1905 war Albert Einstein wenig erfolgreich, da er zeitweise ohne Arbeit und seine Promotion gescheitert war. Außerdem hatte er ein uneheliches Kind. Dann aber geschah innerhalb eines halben Jahres eine vollkommene Wende in seinem Leben: Er konstatierte in dieser Zeit die Spezielle Relativitätstheorie, entdeckte die Quantennatur des Lichts und die atomische Struktur der Materie. Durch diese drei bahnbrechenden Arbeiten wurde das Jahr 1905 zu seinem persönlichen „Wunderjahr".

Eine feste Anstellung im Patentamt in Bern machte es ihm damals möglich, seine Ziele weitgehend unabhängig zu verfolgen (vier Planeten im 10. Haus der Individuation und Berufung). Privat betrieb er mit zwei ehemaligen Kommilitonen den Debattierclub „Akademie Olympia", in dem gemeinsam musiziert, über Literatur und Physik disputiert und viel gelacht wurde (Jupiter im 9. Haus: Sinnesfreude und Leichtigkeit). Die Zusammenkünfte waren für seine intuitiven Denkprozesse im Bereich seiner physikalischen Forschungen förderlich.

$E = mc^2$ – die berühmteste Formel der Weltgeschichte

Einstein beschrieb seine Forschungen, die die Physik revolutionieren sollten, sachlich, kurz und bündig (enge Saturn-Merkur-Konjunktion):

Mit der nur siebzehn Seiten umfassenden Arbeit „Eine neue Bestimmung der Moleküldimensionen" erlangte er innerhalb kürzester Zeit den Doktortitel. Diese Dissertation wurde zu einer der am meisten zitierten Arbeiten des 20. Jahrhunderts.

Hierzu schreibt Jürgen Ehlers, Gründungsdirektor des Max-Planck-Instituts für Gravitationsphysik in Potsdam, das auch „Albert-Einstein-Institut" genannt wird, dass Einsteins Arbeit das illustriere, was den großen Forscher ausmache: Spürsinn und Durchhaltevermögen, Intuition und Technik.

Albert Einsteins Arbeit „Zur Elektrodynamik bewegter Körper" umfasste nur drei Seiten. Das Ergebnis dieser Arbeit enthielt die wohl berühmteste Formel der Weltgeschichte: $E = mc^2$, das heißt, Energie ist gleich Masse mal Lichtgeschwindigkeit im Quadrat. Mit der Relativitätstheorie erkannte er die vierdimensionale Struktur von Raum und Zeit und dass die Masse eine Form von Energie ist. Das bedeutet: Alles ist Energie – es gibt keine Materie!

Seine Forschungsergebnisse bedeuten vereinfacht: Bewegte Uhren gehen langsamer und bewegte Objekte sind verkürzt. Beim Licht jedoch ist alles anders: Das Licht ist immer gleich schnell (300.000 Kilometer pro Sekunde) und nichts ist schneller als das Licht. Im Alltag gibt die Relativitätstheorie zum Beispiel Sicherheit beim GPS, der Satellitennavigation im Straßenverkehr, damit wir nicht von der Straße abkommen.

Einsteins spirituell-astrologisches Potenzial

Einstein selbst sagte von sich, dass Neugierde, Besessenheit und sture Ausdauer, verbunden mit Selbstkritik, ihn zu seinen Gedanken gebracht hätten. Die Dynamik seiner Anlage erschließt sich astrologisch unmittelbar: Einerseits stehen fünf Planeten im kardinalen Kreuz und vier Planeten in Feuerzeichen und anderseits sind vier Planeten in Erdzeichen.

Im Kosmogramm sind Einsteins außergewöhnliche Anlagen vor allem durch die Projektfigur (die aus zwei Quincunxen mit einem Sextil als Basis besteht) erkennbar, zu der auch der dominante Spannungsherrscher Uranus gehört. Uranus, der revolutionäre Planet, steht hier an der Spitze der Figur, was Einsteins schöpferische Intelligenz, die Neuland in allen Dingen sucht, und seinen Forschergeist potenziert. Das Projektdreieck fördert sein systematisches Arbeiten. Im Spirituellen wird sie als „Fingerzeig Gottes" bezeichnet.

Das blaue Dreieck im Horoskop vermittelt Harmonie und schenkt diesem Menschen Talent. Alles läuft von allein, ohne Anstrengung. Es besteht jedoch auch die Gefahr, sich den Genüssen hinzugeben und Konflikte zu vermeiden. Zu dieser Figur gehören allein die drei männlichen Planeten Sonne, Mars und Pluto, die von drei weiblichen Zeichen (Fische, Steinbock und Stier) genährt werden. Das kann bedeuten, dass die Härte der Planeten durch die blauen Aspekte in Ausdauer und Zielgerichtetheit verwandelt wird.

Die Jupiter-Uranus-Opposition ist eine Herausforderung für Einstein. Sie zeigt seine Offenheit für den Fortschritt (Jupiter), aber auch die Originalität in seinem persönlichen Verhalten (Uranus). Mit äußerst wachen Sinnen und mit intuitiven Eingebungen konnte er seine Forschungsarbeiten durchführen. Er war sowohl in seinem Denken als auch in seinem Leben beweglich und unruhig. Bis 1933 wechselte er über zwanzigmal sein Domizil, was man astrologisch auf die sehr exponierte Stellung des Uranus zurückführen kann.

„Die meiste Lebensfreude (Jupiter im 9. Haus) kommt aus meiner Geige", sagte Einstein. So spielte er in Prag zur Verblüffung seiner Zuhörer spontan auf seiner Geige, statt einen Vortrag zu halten. In seinem Horoskop gibt es Entsprechungen: Die weichen

Planeten wie der unruhige Mond als Stressplanet im Feuerzeichen Schütze und Venus am Talpunkt im eingeschlossenen Widder-Zeichen sind äußerst sensitiv.

Die bedeutendste Persönlichkeit des 20. Jahrhunderts

Einstein hat als Physiker, Mathematiker und Philosoph das Denken des 20. Jahrhunderts entscheidend verändert. Erst im Jahre 1919 wurde bei einer Sonnenfinsternis durch britische Expeditionen der Nachweis über die von der allgemeinen Relativitätstheorie vorhergesagte Lichtablenkung erbracht und die Richtigkeit seiner Berechnungen bestätigt. Seine Theorien wurden von der Presse aufgegriffen und er wurde über Nacht zu einer berühmten Persönlichkeit. Albert Einstein war in der Öffentlichkeit mit seinen wirren Haaren und seinem verträumten Blick (Fische-Sonne nahe dem MC und Krebs-Aszendent) das Abbild eines genialen Wissenschaftlers.

Für seine außerordentlichen Leistungen bekam er sechsundzwanzig Ehrendoktorwürden und 1921 erhielt er für seine Entdeckungen aus dem Jahre 1905 den Nobelpreis. Diese späte Nominierung hat wahrscheinlich damit zu tun, dass bis dahin nur wenige Menschen die Aussagekraft seiner Forschungen einschätzen konnten. Am 28. Dezember 1999 wurde Albert Einstein vom *Time Magazine* zur „Person of the Century" gewählt. Für viele Menschen steht er bis heute für das menschliche Genie schlechthin. Einstein betonte, dass Fantasie wichtiger sei als Wissen, denn Fantasie umfasse die ganze Welt. Wissen sei dagegen immer begrenzt, während die Fantasie und die Intuition (Uranus an exponierter Stelle im 3. Haus des Denkens) – durch die er inspiriert wurde – grenzenlos sei.

Albert Einsteins Arbeit stellt eine revolutionäre Erkenntnis in der Betrachtung des Physischen dar: Es gibt in Wirklichkeit keine Materie, sie ist eine Illusion. Die Jahrtausende alte indische Philosophie nennt diese Täuschung *Maya*. Wird dieses bahnbrechende

Wissen auch auf die Spiritualität übergreifen und sie befruchten? Mehr als hundert Jahre nach Einsteins grundlegender Entdeckung wird diese Erkenntnis in vielen Fachrichtungen immer noch nicht verstanden, da man oft noch von Materie als einer festen Masse ausgeht.

Hermann Hesse – Sei du selbst, so ist die Welt reich und schön

Hermann Hesse (1877–1962) gehört zu den meistgelesenen deutschsprachigen Autoren. Sein Werk wirkt – auch fünfzig Jahre nach seinem Tod – so lebendig wie eh und je. Bereits zu Lebzeiten waren seine Schriften sehr bekannt. Nach seinem Tod erreichten sie vor allem in Amerika und Japan eine Verbreitung, die in der Literaturgeschichte einmalig ist. Im Jahre 1946 erhielt Hesse den Nobelpreis für Literatur.

Seine Suche nach der wahren Identität des Menschen ist zeitlos. In den USA wurde eher als in Europa der psychotherapeutisch-spirituelle Wert in Hesses Arbeit erkannt. Ralph Freedman nennt Hesse in seiner großen Biografie den „Autor der Krisis“. Er lässt ihn symbolisch durch fünf Leben gehen, in denen Hesse sich immer mehr verändert und verwandelt auf dem Weg zu sich selbst. In der folgenden Darstellung werden die spirituellen Anlagen von Hermann Hesse besonders gewürdigt.

Der eigene Sinn – Wer bin ich?

Bei Hermann Hesse befindet sich Jupiter auf der linken Seite des Horoskops – auf der Ich-Seite also – im Zeichen Schütze. Jupiter repräsentiert die sinnliche Wahrnehmung, durch die wir die Dinge und das Geschehen um uns herum erleben und uns am Leben erfreuen. In seiner Position auf der linken Seite vermag er als

Spannungsherrscher (IV.9) eine Wirkung auf die Planeten auf der rechten Seite des Horoskops auszuüben und kann diese steuern. Mit Jupiter sind das Urteilsvermögen sowie der Sinn für Gerechtigkeit verbunden und im Zeichen Schütze wird Unabhängigkeit im Denken auf der Suche nach einem tieferen Sinn angestrebt. Diese Eigenschaften waren in Hesses Leben sehr ausgeprägt.

Hesses Lebensinhalt war, dass er sich selbst, das eigene Ich oder das Selbst (nach C.G. Jung) finden wollte. Wer eigensinnig sei, gehorche einem anderen Gesetz, einem einzigen unbedingt heiligen, dem Gesetz in sich selbst, dem „Sinn" des Eigenen, so schreibt er. Denn jede Person sei einzigartig und es sei die Lebensaufgabe jedes einzelnen Menschen, seine Einzigartigkeit zu erkennen und zu leben.

Dichter mit dreizehn Jahren?

Die turbulenten Ereignisse in Hesses Jugendzeit, die ihn sogar einen Selbstmordversuch machen ließen, spiegeln sich im Verlauf des Alterspunktes (IV.19) wider: In der Zeit von zwölf bis sechzehn Jahren beginnt für Hermann Hesse eine der schwierigsten Phasen in seinem Leben. In der Altersprogression durchläuft er in diesem Lebensabschnitt das eingeschlossene Zeichen Fische (ohne Häuserspitze), das mit den drei Planeten Mars (Widerspenstigkeit gegen Kontrollen), Saturn (Vereinsamung) und Mond (Haltlosigkeit) besetzt ist. Dieses eingeschlossene Potenzial ist für einen jungen Menschen schwer zu steuern. „Eingeschlossen" bedeutet, dass die Kräfte der Planeten, die in diesem Zeichen stehen, den Weg nach innen zeigen und nach längerer spiritueller Entwicklung in das Bewusstsein integriert werden können.

Die bedeutendste Aussage in seinem Leben macht Hermann Hesse kurz vor seinem dreizehnten Geburtstag. Er sagte, er wolle entweder ein Dichter oder gar nichts werden. Es fällt auf, dass der Alterspunkt zu dieser Zeit punktgenau über den losgelösten Mondknoten verlief, was meist eine berufliche Orientierung anzeigt.

Ab 1893 stabilisiert sich Hesses Zustand. In seinem *Kurzgefassten Lebenslauf* schreibt er, dass er mit fünfzehn, als es ihm mit der Schule missglückt sei, bewusst und energisch seine eigene Ausbildung begonnen habe. Zwischen seinem sechzehnten und seinem zwanzigsten Jahr habe er die halbe Weltliteratur gelesen. In dieser Zeit absolviert er zeitgleich mit dem Studium der Weltliteratur eine Buchhändlerlehre in Tübingen, während er sich in den Nächten seinen intensiven Studien widmet (der Alterspunkt durchläuft das ehrgeizige und vorwärtsstrebende Zeichen Widder). Im Alter von 26 Jahren reflektiert er, dass er unter so vielen Stürmen und Opfern sein Ziel erreicht habe: Er sei, so unmöglich es geschienen habe, doch ein Dichter geworden.

Der Mond gebiert den Dichter

Im Kosmogramm von Hermann Hesse zeigen sich die Intelligenzplaneten recht kraftvoll: Jupiter, einem Spannungsherrscher ähnlich, am AC und Merkur am DC. Sie schenken eine ausgezeichnete Beobachtungsgabe (Jupiter in seinem Zeichen Schütze) sowie eine lebendige Sprache (Merkur in seinem beweglichen Zeichen Zwillinge). Jedoch nur der tief nach innen gerichtete Mond (im eingeschlossenen Zeichen Fische, genau am Talpunkt) gebiert den Dichter Hermann Hesse mit seinen tiefen Gefühlen, mit denen er am Leben teilnimmt. In seinem Radix „schwimmen“ insgesamt fünf Planeten im Element Wasser einschließlich der drei Persönlichkeitsplaneten Sonne, Mond und Saturn. Diese wässerige Anhäufung erklärt die ausgeprägte Emotionalität von Hermann Hesse, sowohl in seinem Leben wie auch in seinem literarischen Werk.

Hermann Hesse besaß die Fähigkeit, sich auf Gedanken und Gefühle anderer einzustellen. Er war ein Beziehungsmensch, der mit Empathie und echtem Interesse besonders für therapeutische und spirituelle Bereiche offen war. Auch zeigte er eine Vorliebe für Malerei und Musik. Hierzu sagt Ralph Freedman, Hesse habe die außergewöhnliche Begabung, scharfe Beobachtung (Jupiter) mit lyrischer Sprache (Merkur und Mond) zu verbinden. Schon früh habe er also jenen Malerblick gehabt, den er später als über Vierzigjähriger zur Vollkommenheit ausgebildet habe. Hermann Hesse malte gut komponierte Aquarelle.

Der große Lese- und Bücherfreund

Jupiter und Merkur sind die bestimmenden Planeten im Kosmogramm von Hermann Hesse, die sich nahe der impulsgebenden AC-DC-Hauptachse in einer starken Position befinden. Merkur symbolisiert besonders die Kommunikation – hier geht es um Lesen und Schreiben. Die Freude und die Klarheit von Jupiter sowie der Intellekt von Merkur motivieren den Schriftsteller, ein einmaliges Lebenswerk zu schaffen. Mit großem Einsatz hat Hesse in über 50 Zeitungen und Magazinen in mehr als 3000 Rezensionen Werke anderer Schriftsteller besprochen. Zudem war er Mitherausgeber beziehungsweise Mitarbeiter bei mehreren Zeitschriften. Bei *März* übernahm später Theodor Heuss seine Nachfolge. Mit Theodor Heuss, dem ersten deutschen Bundespräsidenten, verband Hesse eine tiefe Freundschaft.

Besonders stark am Herzen lag dem Dichter der Kontakt zu seinen Lesern, mit denen er eine ausgedehnte Korrespondenz führte (Merkur am DC). Über 35.000 von ihm beantwortete Leserbriefe legen davon ein überwältigendes Zeugnis ab. Hesses Werke stellen ihn als großartigen Schriftsteller und Bücherfreund dar, der wohl einmalig ist in der literarischen Welt.

Gewaltlosigkeit und Frieden

Hermann Hesse hat in seinem Leben um die individuellen moralischen Werte gerungen. Besonders im Ersten Weltkrieg wurde er wegen seiner Friedensbemühungen sehr angegriffen und galt dem wilhelminischen Kaiserreich als Vaterlandsverräter. Gleichzeitig wurde er von der Gruppe der Verfolgten diffamiert, da er sich nach langen inneren Auseinandersetzungen auch ihrem „Kampf" gegen das Reich nicht anschließen mochte.

Eine ähnliche, nicht weniger gefährliche Situation musste Hermann Hesse im Zweiten Weltkrieg durchleben und durchleiden. In dieser Zeit war er jedoch bereits durch Erfahrung gereift. Er war als Dichter immer bestrebt, eine neutrale Position einzunehmen. Sein Ziel war es, durch die Veränderung seines eigenen Bewusstseins zu Gewaltlosigkeit und Frieden zu kommen. Diesen Weg ging er beispielhaft und unerschütterlich. So beeindruckte ihn auch der geduldige und gewaltlose Einsatz Mahatma Gandhis für ein unabhängiges Indien.

Einen tiefen psychotherapeutischen Prozess durchlebte Hesse mit vierundvierzig Jahren bei C.G. Jung in Küssnacht. Im Folgejahr entstand sein wahrscheinlich wichtigstes Buch *Siddharta*. Psychotherapeutische Elemente prägen auch den Roman *Der Steppenwolf*, eines seiner tiefgründigsten Werke. Der amerikanische Biograf Joseph Mileck erläutert, dass die Steppenwolfjahre die dritte und vielleicht verzweifeltste Krise in Hesses Leben geworden seien (Alterspunkt in Konjunktion mit Uranus). Ende 1926 sei die Krise überwunden, und Hesse durch sie ausgeglichener und klüger gewesen.

Hermann Hesse betrachtete sein ganzes Leben als einen Prozess der Selbsterkenntnis und Selbstentwicklung, wobei er als Medium besonders das Schreiben und später das Malen einsetzte. In diesen Prozessen war er letztendlich sein eigener Therapeut.

Intuitives Schreiben

Hermann Hesse hat viele seiner Werke intuitiv geschrieben (gradgenaues und dadurch intensiv wirkendes Merkur-Uranus-Halbsextil). Uranus – der Planet der Intuition initiieren kann – wirkt direkt auf den Planeten Merkur ein, der das Schreiben symbolisiert. Hesse konnte in dieser krisenhaften Zeit darauf vertrauen, dass ihm der Text „in die Feder fließt", wobei er sich in den Tagen davor intensiv auf das Thema vorbereitete. Oft arbeitete er mehrere Tage und Nächte fieberhaft, um ein Werk zu vollenden. Danach fühlte er sich wie ausgelaugt und benötigte eine längere Zeit der Regeneration.

Besonders wichtig in Hesses Horoskop ist das 3. Haus, das von mehreren Planeten besetzt ist. Es ist das Haus der Bildung, der Sprache und Kultur mit vielen Kontakten. Hier befinden sich im eingeschlossenen Zeichen Fische die drei Planeten Mond, Saturn und Mars sowie der Mondknoten. Durch die Sensibilität im Zeichen Fische ist nachvollziehbar, dass das Leid der Welt bei Hermann Hesse einen intensiven Resonanzboden fand. Mond steht für die Gefühle und Saturn für den Körper. Die sehr schwache Stellung dieser beiden Persönlichkeitsplaneten begünstigte bei Hermann Hesse bereits in verhältnismäßig jungen Jahren viele körperliche Krankheiten wie Rheuma, Gicht, Ischias und mehrere depressive Schübe.

Diese Konstellation bewirkte außerdem eine körperliche Empfindlichkeit, sodass sich psychische Erlebnisse unmittelbar im Körper bemerkbar machten. Ralph Freedman berichtet in seiner Biografie, dass sich sein Unbehagen sofort in körperliche Beschwerden umsetzte. Auch Thomas Mann, mit dem Hesse befreundet war, spricht von einer „liebenswürdigen Hypochondrie" Hesses.

Der Weg der Transzendenz

Der Schwerpunkt von Hesses Horoskop liegt im eingeschlossenen Zeichen Fische und zeigt den „Weg nach innen" an. Das hat Hermann Hesse in seinem Leben intuitiv erkannt. Der Amerikaner Joseph Mileck schreibt in seiner aufschlussreichen Biografie, Hesse sei fest davon überzeugt, dass es keinen anderen Weg zur Erlösung gebe als den zum Selbst. Der Weg der Erlösung führe ins eigene Herz, und dort allein sei Gott, und dort allein sei Friede, so Hesse selbst. Hesse habe diesen „Weg der Erlösung" gewöhnlich seinen

„Weg nach innen“ genannt. Diesen anstrengenden Weg zum Selbst sei er in dem Jahrzehnt, das seinem Weggang aus Bern nach Montagnola folgte, gewandelt und die hartnäckige Selbstsuche habe sich in den vielen Prosastücken, Gedichten und zahlreichen Erzählungen, die er während jener Jahre schrieb, widergespiegelt.

Die spirituellen Planeten Uranus und Neptun im Stressbereich, jeweils vor den Häuserspitzen sowie Neptun und Pluto im Haus mit zwei Spitzen forcierten Hesses geistige Entwicklung. So konnte er sein vielfältiges inneres Potenzial erschließen. Damit war es ihm möglich, sei ne psychischen und physischen Probleme zu lösen und die Anlage des vierfach besetzten eingeschlossenen Zeichens Fische dauerhaft zu transformieren, was ihn in seiner Entwicklung voranbrachte. Aus Krisen entstanden Chancen, die es zuließen, dass der Dichter sein einzigartiges – im Horoskop angelegtes – Potenzial erkannte und entfaltete.

Als Hesse den Weg nach innen immer konsequenter ging, ließen seine chronischen Krankheiten wie Rheuma, Gicht und Ischias nach und verschwanden schließlich vollständig. Er wurde fünfundachtzig Jahre alt. In seinem legendären Gedicht „Stufen“ nahm er Aspekte der späteren transpersonalen Psychologie vorweg. Hermann Hesse wurde zuletzt der „Weise von Montagnola“ genannt.

Elisabeth Kübler-Ross – das Geheimnis vom Leben und Sterben

Elisabeth Kübler-Ross (1926–2004) hat in ihrem intensiven Leben einmalige Forschungen betrieben und über drei Jahrzehnte das Sterben und das Leben danach erkundet. Ihr Leben war geprägt von der Liebe zum Nächsten und der kompromisslosen Suche nach dem Geheimnis des Todes. Die folgenden Ausführungen stellen das Potenzial dieser außergewöhnlichen

Forscherin vor einem psychologisch-astrologischen und spirituellen Hintergrund dar.

Eine unruhige Kindheit und Jugend

Am 8. Juli 1926 wurde Elisabeth Kübler-Ross als das erste von drei Drillingsmädchen in eine gutbürgerliche Familie in Zürich hineingeboren. Sie wog nur zwei Pfund, und dass sie überlebte, war eher „Zufall". Bis ins Erwachsenenalter war es für sie schwierig, in ihrer Familie einen Platz neben ihren beiden Schwestern zu finden.

Elisabeth fühlte sich lange unverstanden und hatte es schwer, ihre eigene Identität zu finden. Sie und ihr älterer Bruder Ernst hatten in der Familie Außenseiter-Positionen inne. Vom Vater wurden sie nicht anerkannt und geliebt. So gab Elisabeth ihre ganze Liebe ihren Haustieren – mehreren Kaninchen und einem Affen – und betreute diese mit all ihrer kindlichen Hingabe.

Bereits in jungen Jahren wollte sie Ärztin werden, aber der strenge Vater war der Meinung, sie solle entweder Sekretärin oder Hausmädchen werden, sonst könne sie sein Haus verlassen. – Und sie ging. Nach einer schmerzlichen Erfahrung als Haushälterin begann Elisabeth eine Ausbildung als Laborantin. In den naturwissenschaftlichen Fächern war sie sehr begabt (blaue und rote Aspekte zu den Intelligenzplaneten Saturn, Merkur und Jupiter, jeweils an Aspektspitzen). Sie wurde selbstbewusster, als sie im Kantonsspital Zürich arbeitete, wo sie später auch als Ärztin wirken sollte.

Selbstloser Einsatz nach dem Krieg

Als die Amerikaner im Juli 1944 in der Normandie landeten, wurde das Krankenhaus in einer einzigen Nacht von Kriegsverletzten geradezu überschwemmt. Jetzt fühlte sich Elisabeth Kübler-Ross in ihrer tiefen Veranlagung gefordert: Sie konnte Trost und Liebe spenden, sich den unter Schock stehenden Kindern zuwenden. Hier fühlte sie sich am richtigen Platz und arbeitete Tag und

Nacht. Sie schloss sich dem *Internationalen Friedensdienst* an und öffnete ihr großes Herz (Mond, Pluto, Sonne und Mondknoten im Zeichen Krebs), um in mehreren Einsätzen im Nachkriegs-Europa – von Frankreich bis Polen – selbstlos tätig zu sein. Im KZ Majdanek sah die Achtzehnjährige das Grauen mit eigenen Augen. Erschöpft von den Strapazen und mehr tot als lebendig, kehrte sie in die Schweiz zurück.

Nach erfolgreich bestandener Laborantenprüfung erhielt sie eine für sie ideale Stellung in der Augenklinik in Zürich. Sie widmete sich dort besonders einfühlsam den isoliert liegenden kranken Kindern, was über ihre eigentliche Aufgabe weit hinausging. Zwischenzeitlich half sie – trotz des Verbotes ihres Vaters – in Prag, auf der anderen Seite des „Eisernen Vorhangs", worauf sie nicht mehr in das Haus ihrer Familie zurückkehren durfte.

Elisabeths Berufung: das Medizinstudium

Seit 1950 hatte Elisabeth ihr neues Ziel deutlich vor Augen: Innerhalb eines Jahres (in der Regel brauchte man dafür drei Jahre) legte sie die Matura ab und begann, Medizin zu studieren. Das beeindruckte den Vater und sie wurde wieder in die Familie aufgenommen. Elisabeth machte jetzt – nachdem sie ihre Berufung gefunden hatte – in einem außergewöhnlichen Tempo Fortschritte. Gewöhnlich finden sich 12 Aspekte in einem Horoskop. Ihr Horoskop weist mit 7½ Aspekten über 30 Prozent weniger auf, das bedeutet: Sie war eine sogenannte Schnellentwicklerin.

Während des Studiums lernte sie den Amerikaner Emanuel Ross kennen, den sie 1958 heiratete. Zu dieser Zeit zeigte sie bereits eine beeindruckende diagnostische Treffsicherheit (fünf Planeten im 2. Quadranten, darunter die sensitiven Liebesplaneten Mond und Neptun sowie Merkur). Ihre innere Ausrichtung als Ärztin bestand vor allem darin, ein gefühl- und liebevoller Mensch zu sein. Der Mond am Talpunkt in seinem Zeichen Krebs und in seinem 4. Haus sowie Neptun vor dem Talpunkt im 6. Haus, das dem Du (DC) zugewandt ist, stehen für Hingabe. Ihrem inneren Gespür folgend, verließ Elisabeth Kübler-Ross 1958 als junge Ärztin Zürich und ging mit ihrem Mann in die USA.

In New York begann sie im Jahre 1959 eine pädiatrische Fachausbildung. Weil das Einkommen ihres Mannes gering war, nahm sie bald eine Stelle in der Psychiatrie an. Sie bewirkte mit persönlichem Geschick und liebevoller Zuwendung, dass innerhalb von kurzer Zeit aus den willenlosen, mit Medikamenten vollgepumpten „Geisteskranken" eigenverantwortliche Patienten wurden. Ihre tiefe Zuneigung und Liebe (Mond und Neptun an Talpunkten) ließen sie in diesem Bereich der Medizin neue Wege aufzeigen. Im Jahre 1960 brachte sie ihren Sohn Kenneth zur Welt. Bereits einen Monat nach der Entbindung arbeitete sie wieder und beendete ihre Fachausbildung zur Psychiaterin. Als ihr Vater in der Schweiz im Sterben lag, wollte er nur von ihr betreut werden. Beide fanden in versöhnlichen Gesprächen zueinander ... und er starb friedvoll.

Neue Wege

Nach vier Jahren Aufenthalt in Amerika wurde Elisabeth Kübler-Ross bewusst, dass sie neue Wege gehen musste. Dies lässt sich aus ihrem Radix ablesen: Es zeigt sich ein kardinales, impulsgebendes Aspektbild, das ausschließlich aus Strichfiguren (ohne geschlossene Figur) besteht und zusammen mit Uranus und Mars im kardinalen 1. Haus ein unentwegtes Nach-vorne-Streben bedingt. Die Planeten Saturn und Jupiter stehen an den Spitzen der Aspektfigur sehr exponiert und weisen auf Ziele im Leben hin. Saturn im Skorpion am Ende des 8. Hauses thematisiert den Stirb-und-werde-Prozess und dessen wissenschaftliche Erforschung.

Eine besondere Stellung nimmt Uranus ein, der an der sogenannten kosmischen Spalte zwischen Ende und Anfang des Horoskops (den Zeichen Fische und Widder) steht. Hier ist er der Forscher zwischen den Welten, zwischen Anfang und Ende, Leben und Sterben – der Hauptausrichtung von Elisabeth Kübler-Ross' Forschungsprojekten. Mit allen ihr zur Verfügung stehenden Kräften stellte sie sich in den Dienst sterbender Menschen. Insbesondere öffnete sie sich für die Begleitung sterbender Kinder und deren Eltern. Ihr unglaublich starker Wille und eine große Kraft führten dazu, dass sie ihrem Weg mit aller Intensität ging (enge Pluto-Sonne-Konjunktion und gradgenaues Sonne-Mars-Quadrat).

Der aufsteigende Mondknoten ist ein sensitiver Punkt im Horoskop und kann schnell aus Schwierigkeiten herausführen. Er zeigt den ersten Schritt und schafft damit die Möglichkeit, Probleme zu lösen (exakte Sonne-Mondknoten-Konjunktion, Pluto-Mondknoten-Konjunktion und Mars-Mondkonten-Quadrat (IV/21). Merkur steht exponiert in seinem 6. Haus nahe am Du (DC) und kann gemeinsam mit Neptun im 6. Haus der Arbeit ein einfühlsamer Helfer sein, der durch empathisches Verstehen einen dienenden Weg im Dienste der Heilung beschreitet.

Das Geheimnis des Sterbens

Nach ihrer Fachausbildung zur Psychiaterin im Jahre 1960 begegnete Elisabeth Kübler-Ross 1963 in Denver dem Psychiater Dr. Sydney Morgalin, der sich mit veränderten Bewusstseinszuständen mittels Hypnose beschäftigte. Dr. Morgalin ließ sie schnell einen Teil seiner Vorlesungen halten. Und schon bald erkannte Elisabeth das wichtigste Thema in der Psychiatrie und im Leben überhaupt: das Geheimnis des Sterbens. Denn nur wenn wir das Sterben begreifen, können wir wirklich leben – ein Grundsatz der modernen transpersonalen und spirituellen Psychologie. Ansonsten bleiben wir in Angst, Gier, Wut, Hass und Gewalt verstrickt – was sich uns in vielen Bereichen unserer heutigen Welt widergespiegelt.

Mit Linda, einem bildhübschen jungen Mädchen von sechzehn

Jahren, das Leukämie hatte und dem Tod nahe war, beeindruckte Elisabeth Kübler-Ross ihre Studenten in einer Vorlesung durch eine direkte persönliche Konfrontation mit dem Schicksal des dem Tode geweihten Mädchens. Sie erregte das Mitgefühl der Studenten und das Hervorbrechen der tief verdrängten Gefühle entfachte bei ihnen große Betroffenheit und anschließend: Erleichterung.

Etwa im Jahre 1970 wollte sie aufhören zu arbeiten, um sich mehr ihrer Familie zu widmen, aber sie spürte innerlich, dass sie ihre Forschungen intensivieren sollte. Weltweit gab sie Seminare zum Thema „Leben, Tod und Übergang" (Saturn im Skorpion und im 8. Haus).

Das Leben: eine Herausforderung

Nach der Scheidung von ihrem Mann gründete Elisabeth Kübler-Ross ein Therapiezentrum, lehrte den Umgang mit dem Sterben und spürte immer mehr, dass sie einer Art geistiger Führung vertrauen konnte. Ihr weiterer Auftrag würde es nun sein, den Menschen nahezubringen, dass es keinen Tod gibt. Sie selbst hatte außerkörperliche Erfahrungen gemacht und Phasen von Schmerz, Wut und Zorn mit anschließender Transformation (Pluto-Alterspunkt-Quincunx) erlebt.

Mit fünfundfünfzig Jahren kam eine Zeit großer Einschnitte: Durch ein sintflutartiges Unwetter wurde das Therapiezentrum komplett zerstört. Im Jahre 1983 erwarb sie, eine Farm in Virginia. Ihr Plan, dort ein Zentrum für krebskranke Kinder zu errichten, scheiterte an der Ablehnung der Nachbarn. Im August 1988 erlitt Elisabeth Kübler-Ross einen Schlaganfall, von dem sie sich jedoch wieder erholte. Anschließend weihte sie ihr Kommunikationszentrum ein. Aber bereits vier Jahre später, am 6. Oktober 1994, erlebte sie eine weitere harte Prüfung: Ihr Haus ging durch Brandstiftung in Flammen auf und sie verlor ihren gesamten Besitz (Saturn-Alterspunkt-Quadrat).

Elisabeth Kübler-Ross' Gesundheitszustand verschlechterte sich 1995 nach weiteren Schlaganfällen. Letztlich begriff sie jede schwierige Situation als eine Herausforderung, die sie weiterbrachte, wenngleich sie ihre eigenen Probleme in ihren letzten Lebensjahren an die Grenze der Belastbarkeit brachten.

Elisabeth Kübler-Ross lebte zwei Extreme in ihrem Leben: Einerscits gab es diese weiche und hingebungsvolle Seite und andererseits konnte sie sich selbst und ihrer Arbeit gegenüber extrem hart sein, indem sie fast Unmögliches wagte und die Menschen motivierte, mitzumachen. Im Horoskop zeigt sich das an der Stellung der vier weiblichen und sensitiven Planeten an den Talpunkten sowie an der Stellung der männlich-harten Planeten Sonne, Pluto und Mars in der Nähe von Häuserspitzen. Elisabeth Kübler-Ross schrieb über sich selbst, dass sie immer einen Hang zum Extremen gehabt habe.

„Es gibt keinen Tod!"

Prof. Dr. Elisabeth Kübler-Ross konnte durch ihre jahrelangen, intensiven Erfahrungen mit Sterbenden neue grenzüberschreitende Einsichten gewinnen. Ihre Lehrmeister waren wenige Professoren, aber auch eine Putzfrau und neben den sterbenden erwachsenen Patienten vor allem die unbeschwert diese Welt verlassenden Kinder.

Elisabeth wusste aus Gesprächen, dass ihre ärztlichen Kollegen dem Tod mit großer Angst begegnen. In ihrer Wahrnehmung bekämpfen sie ihn und fühlen sich selbst infrage gestellt, wenn sie nicht heilen können. In früheren Kulturen war der Tod ein Höhepunkt des Lebens, weil die Seele mit entsprechender Begleitung in eine höhere Dimension eintreten kann. Das war ein Freudenfest für die Seele, die die enge materielle Hülle des Körpers verlassen kann.

Elisabeth Kübler-Ross' wichtigste Aussage war: „Es gibt keinen Tod." Sie hat den Tod enttabuisiert, nachdem sie in ihren umfangreichen Forschungen mit über 20.000 Fallgeschichten, besonders mit reanimierten Patienten, feststellen musste, dass vieles auf ein Leben nach dem Tod hindeutet.

„Wir sind Liebe"

Den Tod, wie die Wissenschaft ihn sieht, gibt es tatsächlich nicht. Der Tod ist vielmehr ein Hinübergehen in einen anderen Zustand. In unzähligen Stunden hat Elisabeth Kübler-Ross diese Erfahrung machen dürfen – an den Betten von Sterbenden sowie von reanimierten Menschen. Jeder, der aus der jenseitigen Welt durch Reanimation wieder zurückgekommen war, hatte nach ihrer Erkenntnis die gleiche spirituelle Erfahrung gemacht. Sie sagte, dass es nur eine Antwort auf die Frage nach dem Sinn des Lebens gebe, und die Antwort laute: Liebe.

Elisabeth Kübler-Ross nennt den Tod „einen Reifungsprozess für das Leben" und nimmt ihm damit den Schrecken, der in der abendländischen Kultur tief verankert ist. Alle ihre Arbeiten basieren auf ihrer unmittelbaren Erfahrung. Sie schreibt: „Die moderne Medizin hat sich zu einer Art Prophet entwickelt, der uns ein Leben ohne Schmerz verspricht. Das ist Unsinn. Das einzige, was meines Wissens die Menschen wirklich heilt, ist die bedingungslose Liebe."

Sterben lernen bedeutet: leben lernen

Elisabeth Kübler-Ross erstes Buch *Interviews mit Sterbenden* erschien im Jahre 1969 und löste ein weltweites Echo aus. Ihre Arbeit hat die Hospizbewegung, die Sterbebegleitung und die Selbsthilfegruppen für trauernde Angehörige initiiert. Die Grenze zwischen Leben und Tod symbolisiert in ihrem Horoskop vor allem Uranus an der kosmischen Spalte zwischen Fische und Widder. Elisabeth Kübler-Ross hat über zwanzig Bücher geschrieben, die in mehr als dreißig Sprachen übersetzt wurden, und sie wurde an dreiundzwanzig Universitäten mit der Ehrendoktorwürde geehrt. Damit ist sie eine der von der Wissenschaft am meisten ausgezeichneten Forscherinnen.

Im Grunde geht es lebenslang um den Prozess des Loslassens und der Hingabe an das, was ist. Wir müssen die Angst vor dem Sterben und vor dem Tod verlieren, um wirklich frei leben zu können, das heißt der Begegnung mit Sterben und Tod einen Raum in unserem Leben geben. Elisabeth Kübler-Ross hat den Umgang mit Leben und Tod in eine neue Dimension gelenkt. Das Sterben ist ein wesentlicher Teil des Lebens. Sie selbst sagte, dass der Tod lebenswichtig sei und dass es das größte Geheimnis sei, was uns nach dem Tod erwartet.

Nach vielen Jahren der inneren Einkehr durfte Elisabeth Kübler-Ross am 24. August 2004 endlich den Weg gehen, dem sie ihr gesamtes Leben gewidmet hatte und der sie weltberühmt gemacht hat. Sie konnte „abheben“ in eine andere Dimension.

Anhang

Die Horoskope in alphabetischer Reihenfolge

Im Folgenden finden Sie nun die Horoskope aller im Buch genannten Persönlichkeiten in alphabetischer Reihenfolge. Wenn Sie Textstellen suchen, die verschiedene Ebenen und Aspekte des Horoskops der jeweiligen Person erläutern, schlagen Sie im „Personenregister", Seite 218 f., nach.

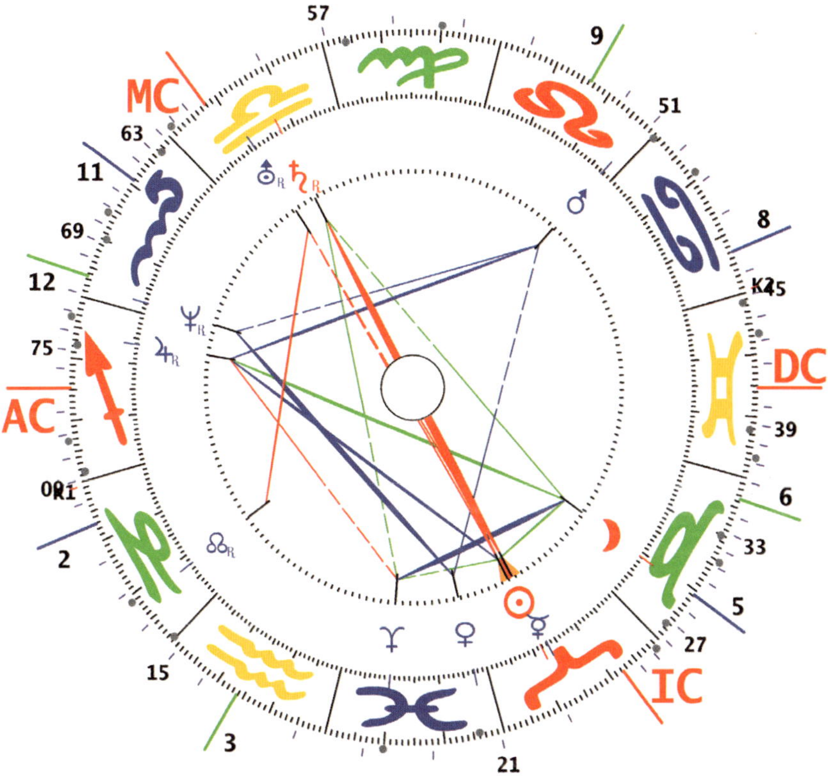

Andersen, Hans Christian
02.04.1805, 00.42, Odense, DK

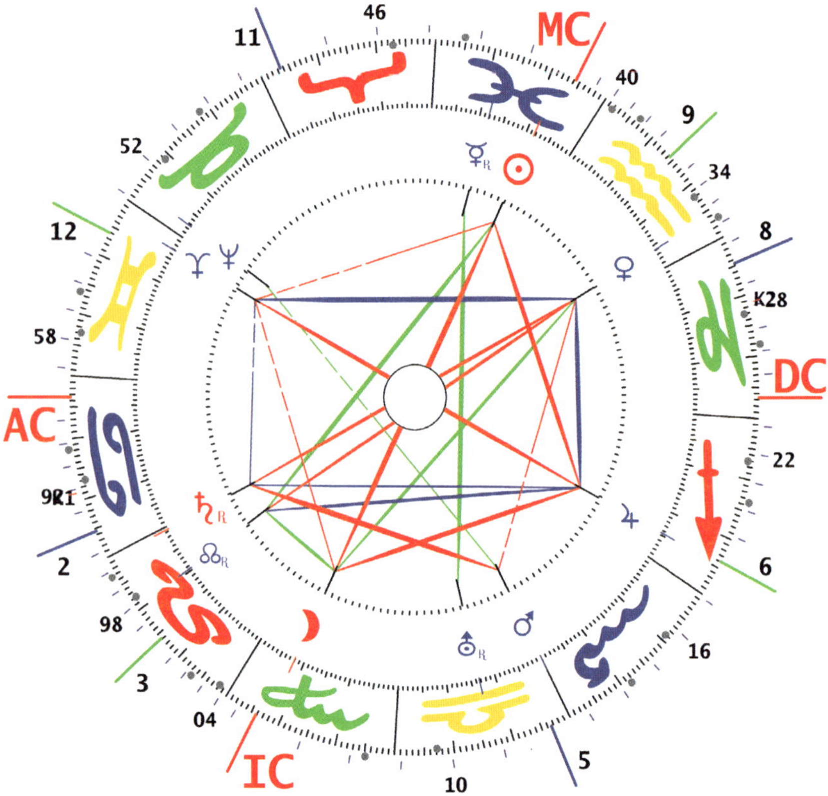

Assagioli, Roberto
27.02.1888, 12.03, Venedig, I

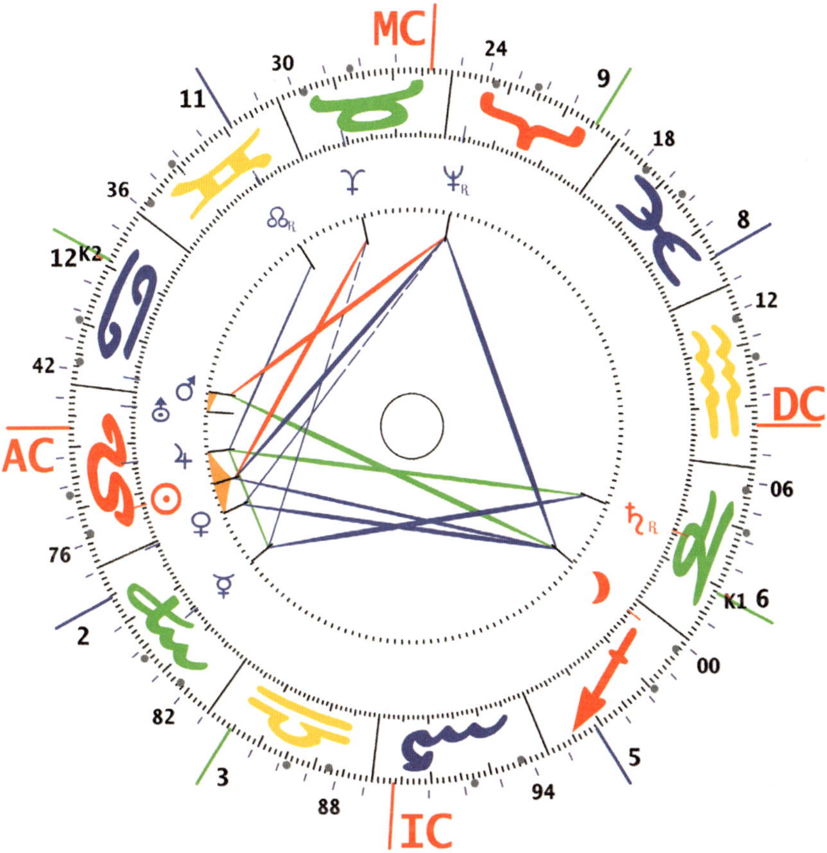

Aurobindo, Sri
15.08.1872, 04.30, Kalkutta, IND

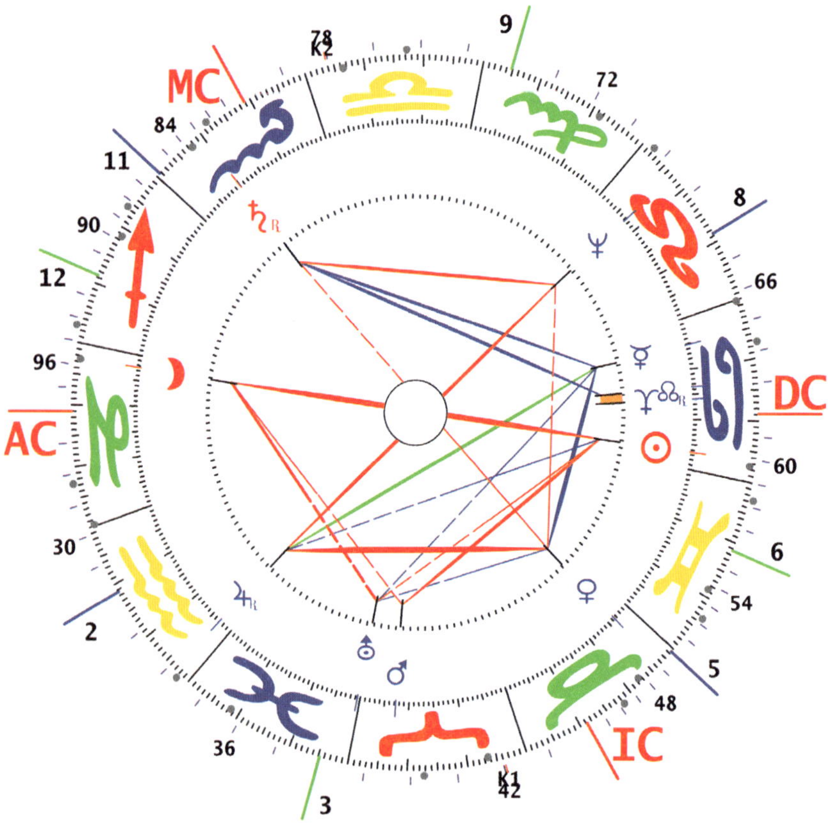

Bachmann, Ingeborg
25.06.1926, 20.25, Klagenfurt, A

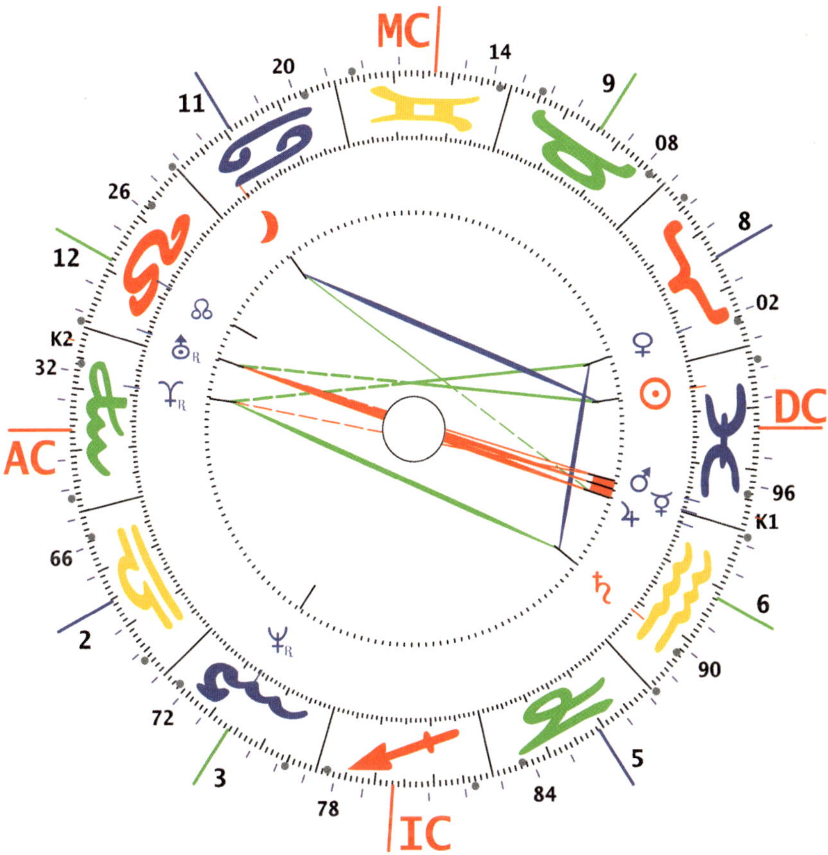

Böhm, Gabriele
15.03.1962, 17.40, Fürth, D

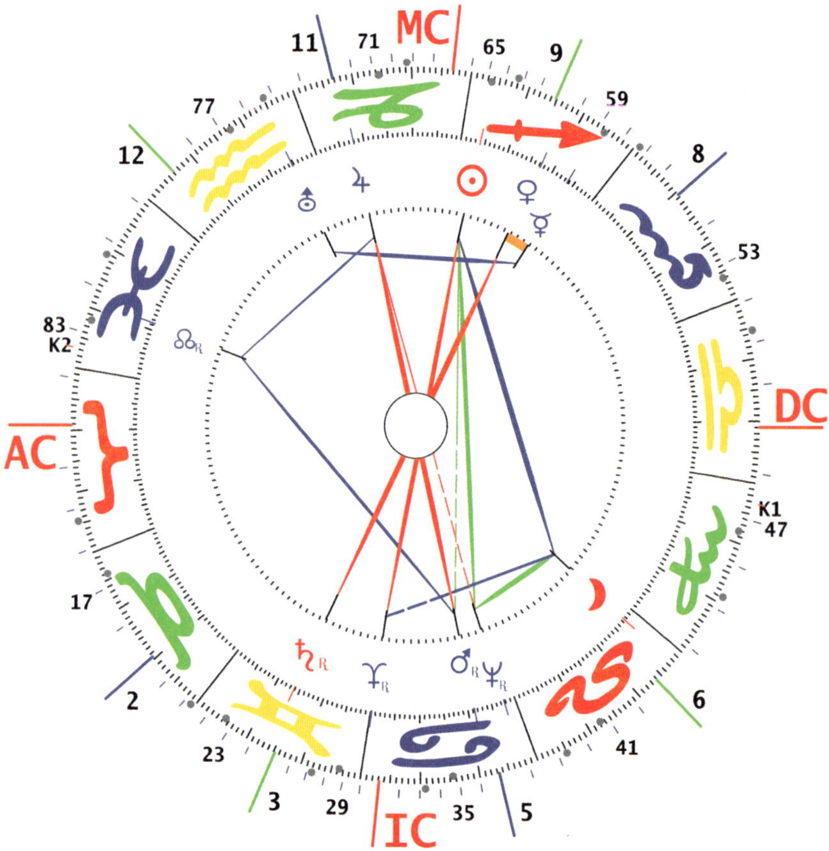

Brandt, Willy
18.12.1913, 12.45, Lübeck, D

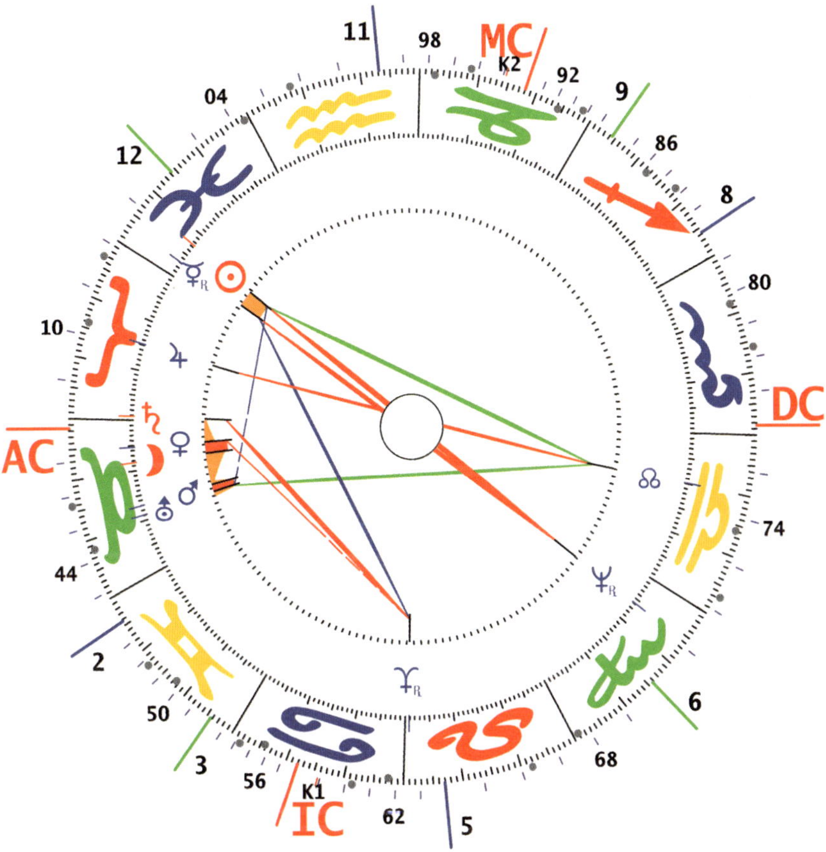

Breit, Karl Georg
13.03.1940, 08.29, Ansbach, D

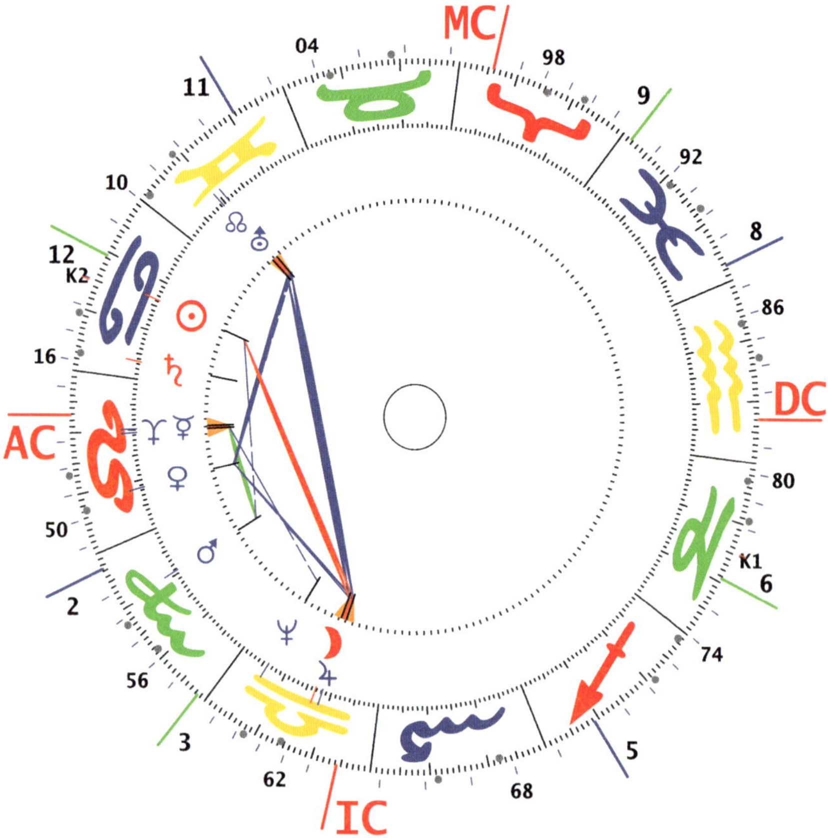

Bush, George W.
06.07.1946, 7.26, New Haven, USA

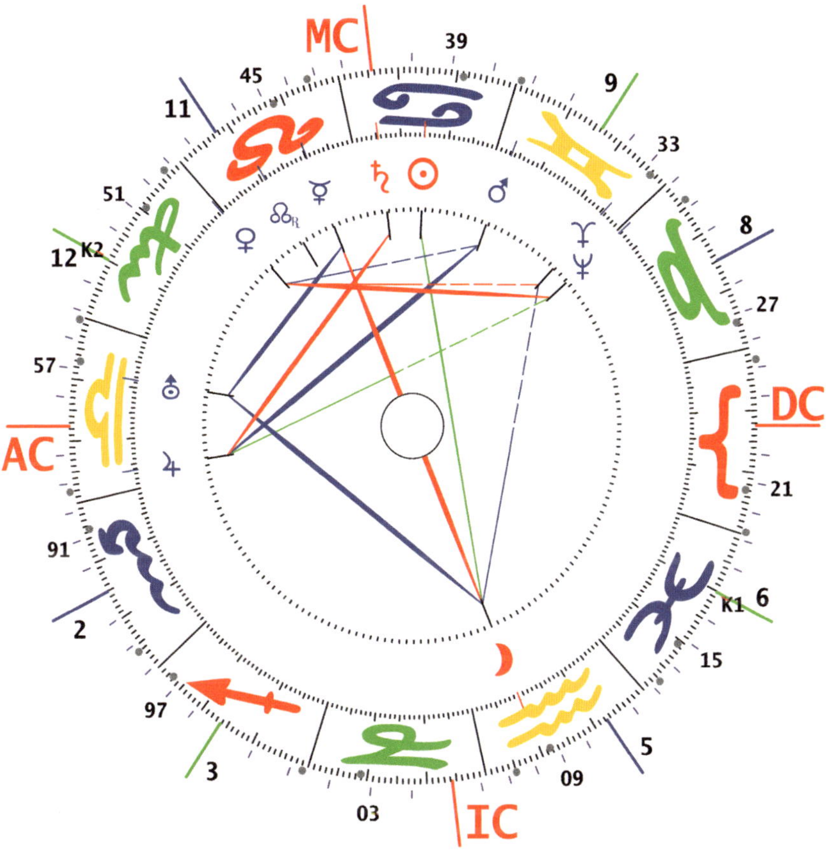

Chagall, Marc
07.07.1887, 12.44, Witebsk, WRS

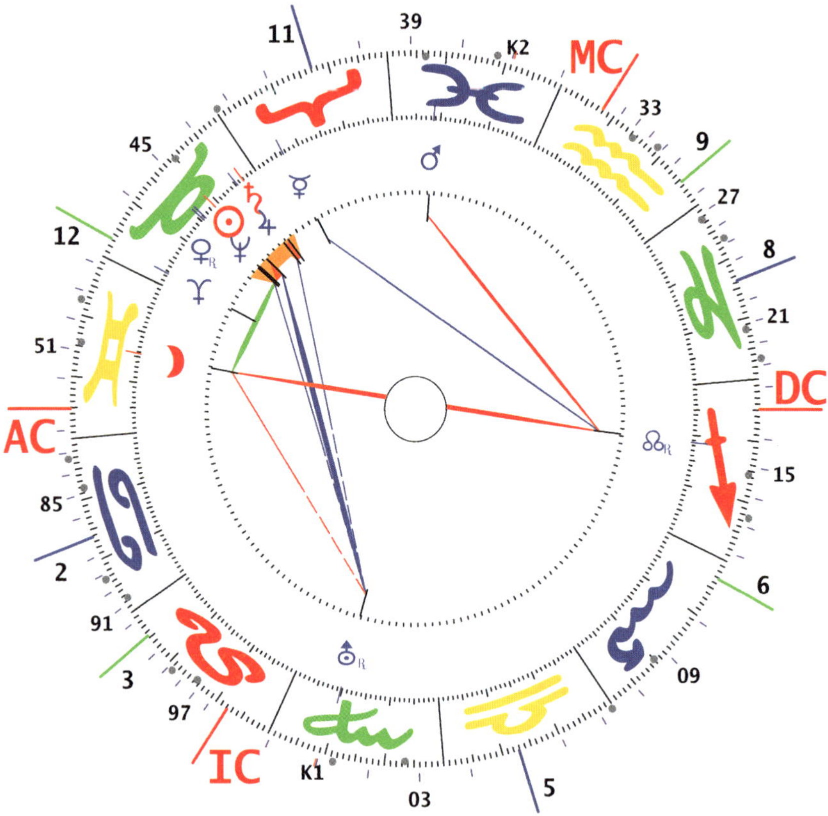

Chardin, Teilhard de
01.05.1881, 07.00, Clermont-Ferrand, F

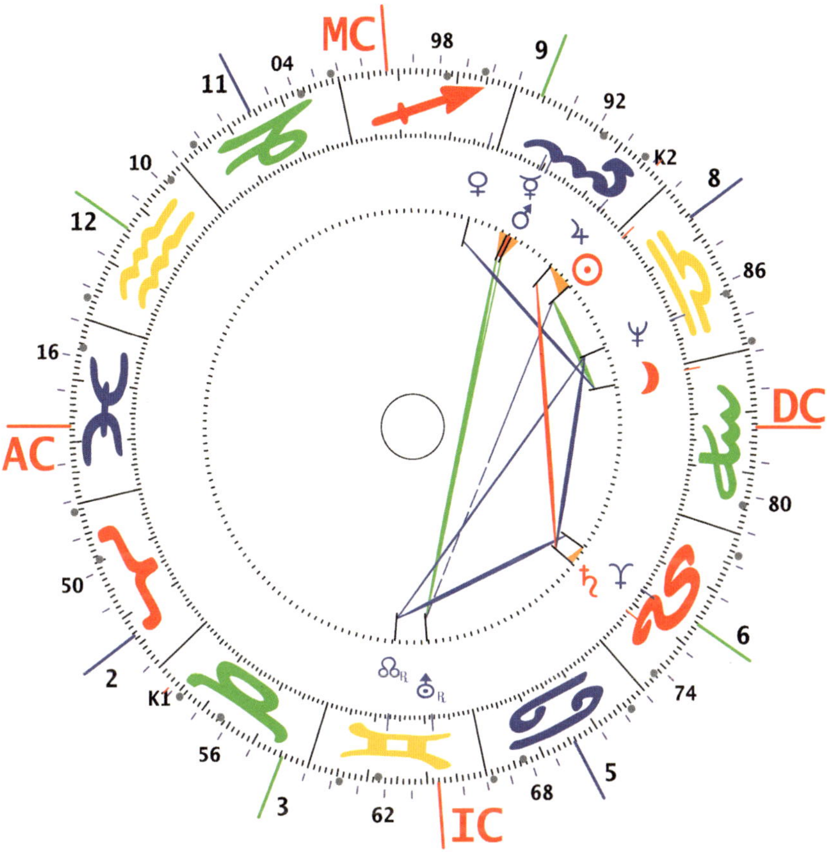

Chopra, Deepak
22.10.1946, 15.45, Neu Dehli, IND

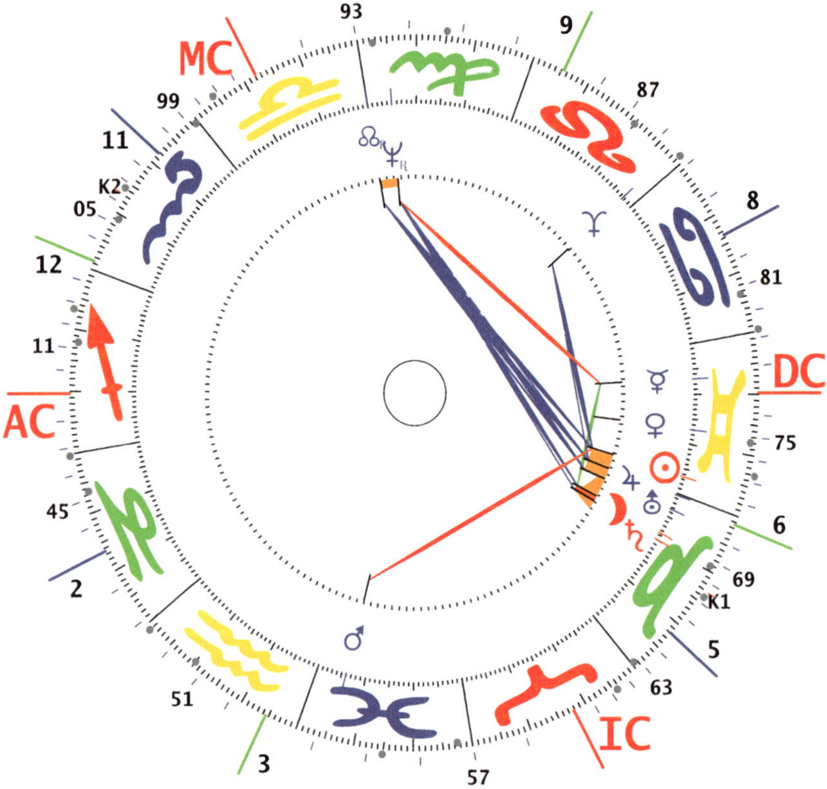

Dylan, Bob
24.05.1941, 21.05, Duluth, USA

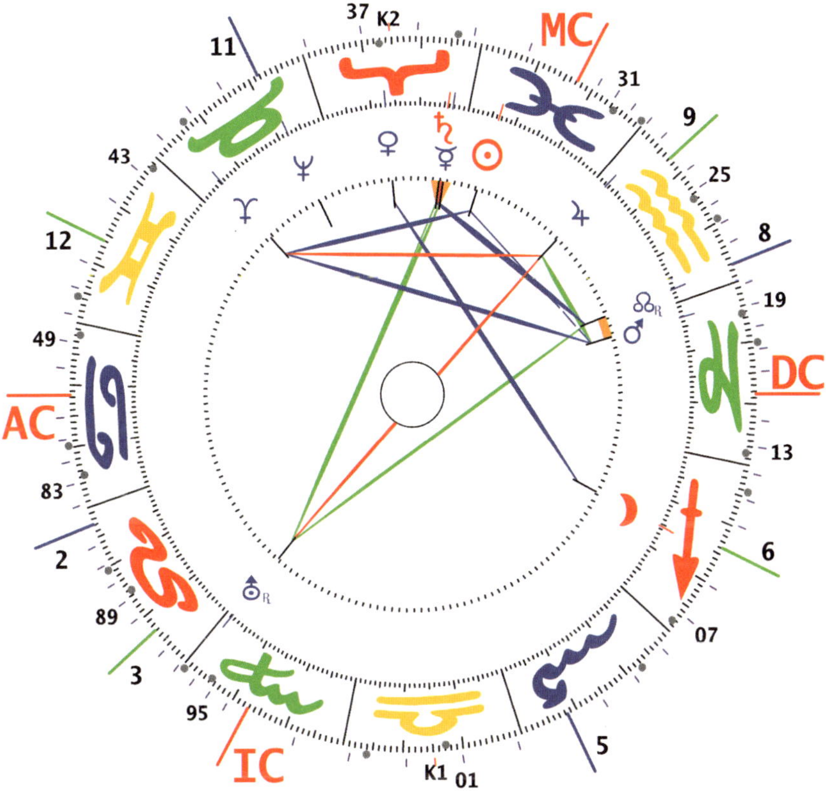

Einstein, Albert
14.03.1879, 11.30, Ulm, D

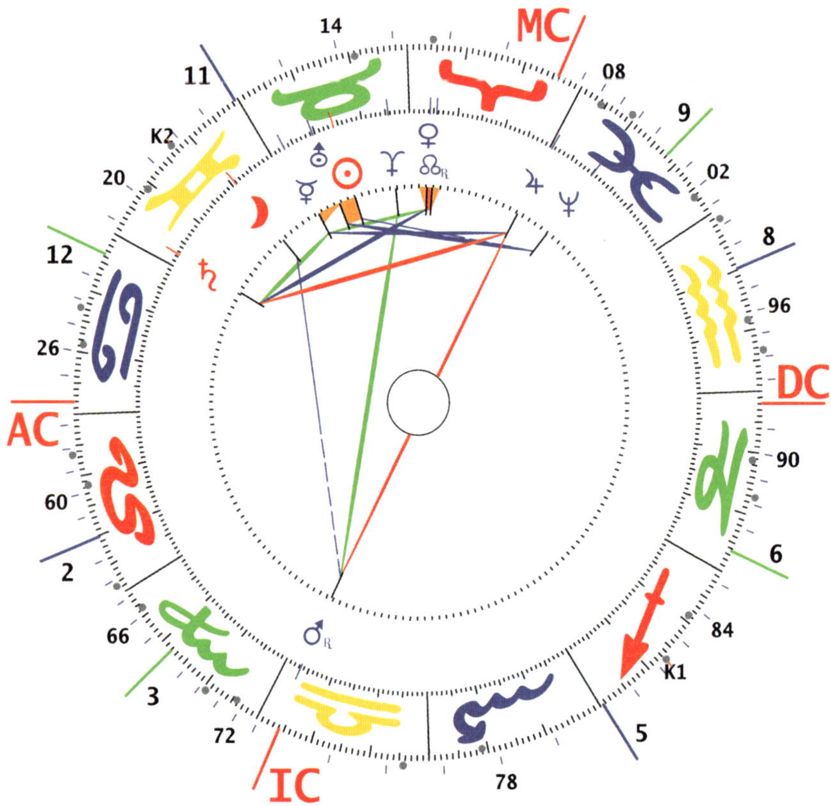

Freud, Sigmund
06.05.1856, 09.17, Freiberg (Příbor), CS

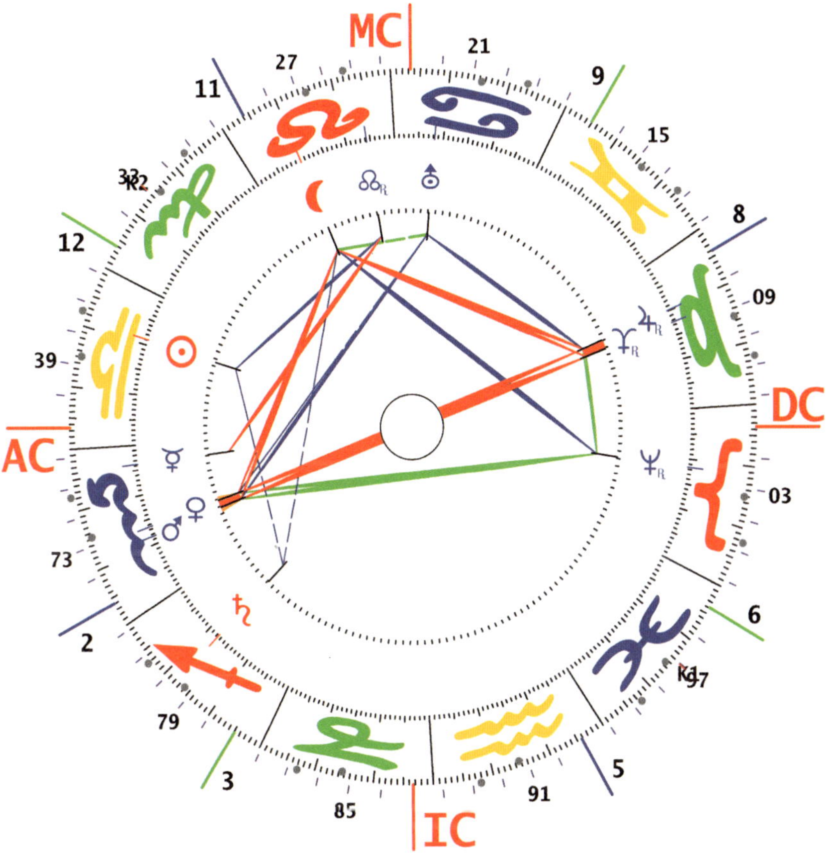

Gandhi, Mahatma
02.10.1869, 07.11, Probandar, IND

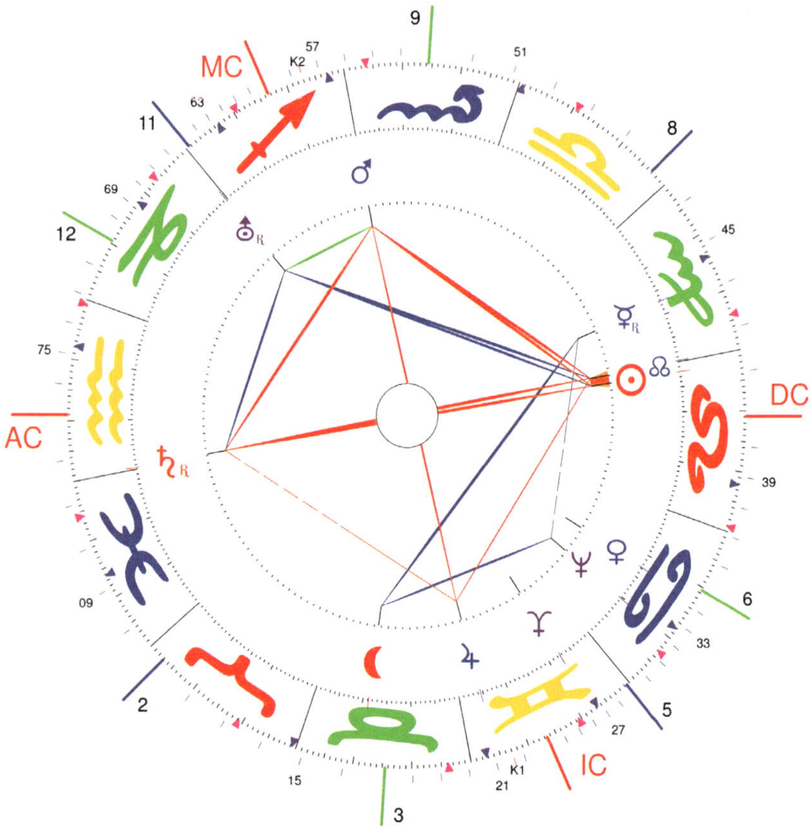

Gebser, Jean
20.08.1905, 18.43, Poznań, PL

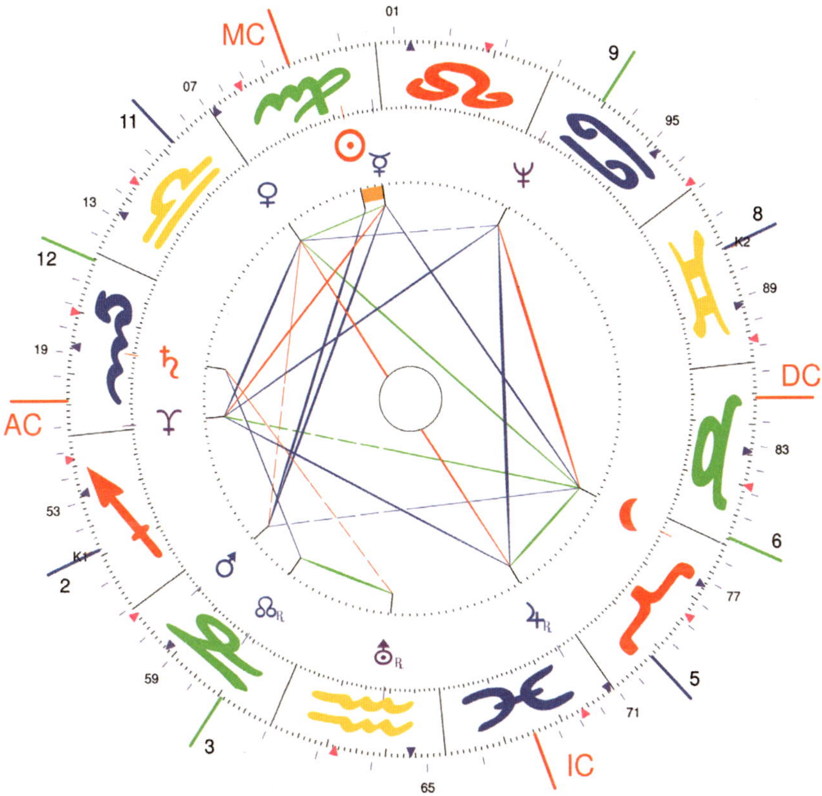

Goethe, Johann Wolfgang von
28.08.1749, 12.00, Frankfurt, D

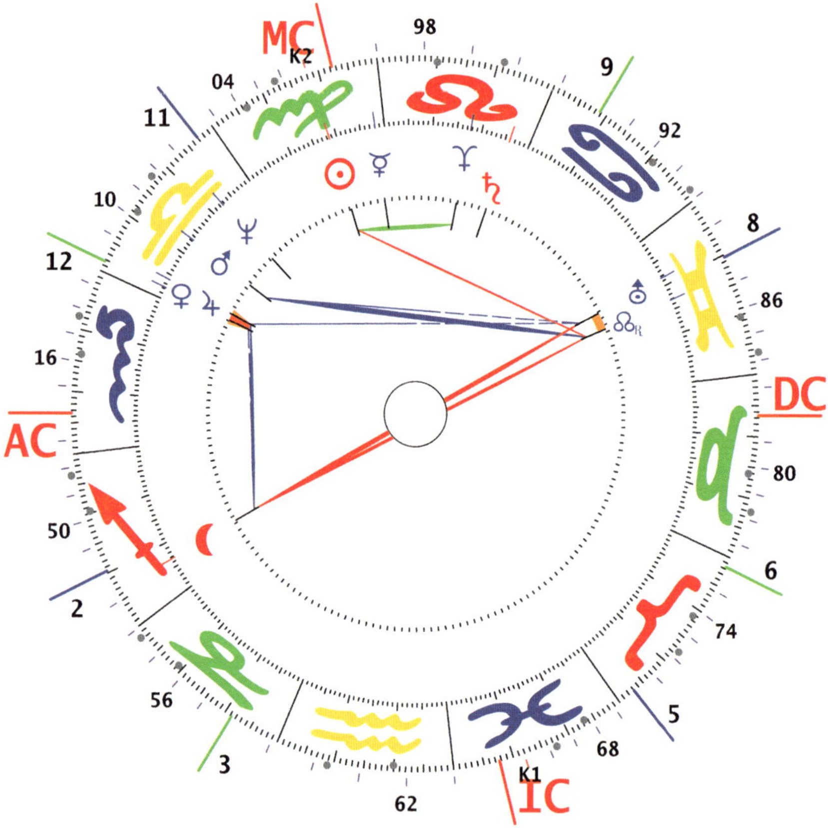

Greene, Liz
04.09.1946, 13.00, Englewood, USA

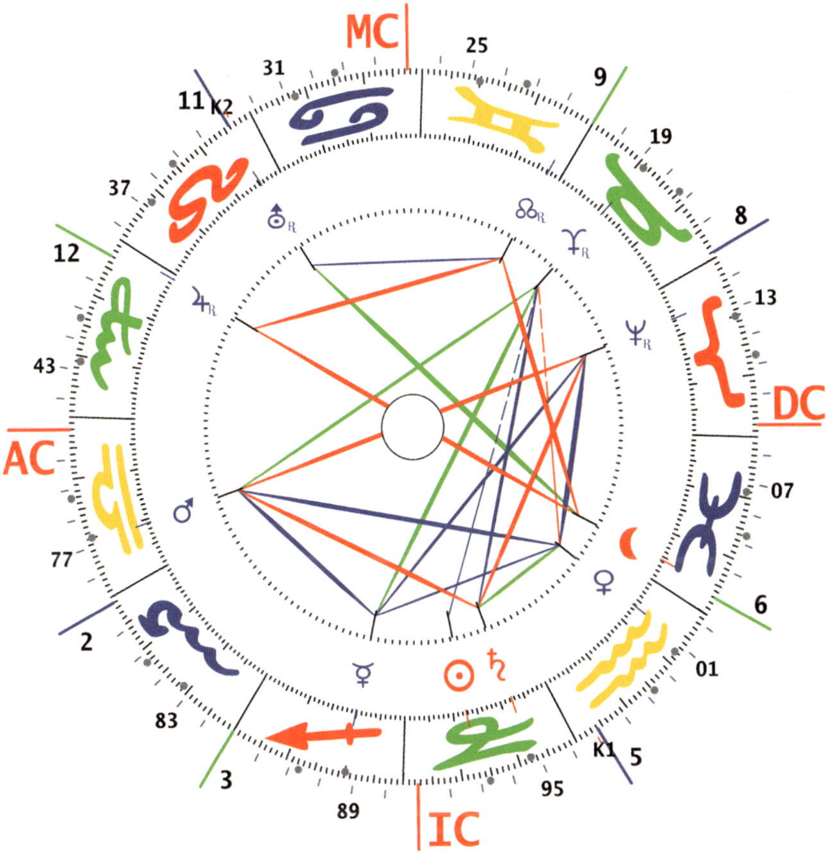

Heilige Thérèse von Lisieux
02.01.1873, 23.20, Alençon, F

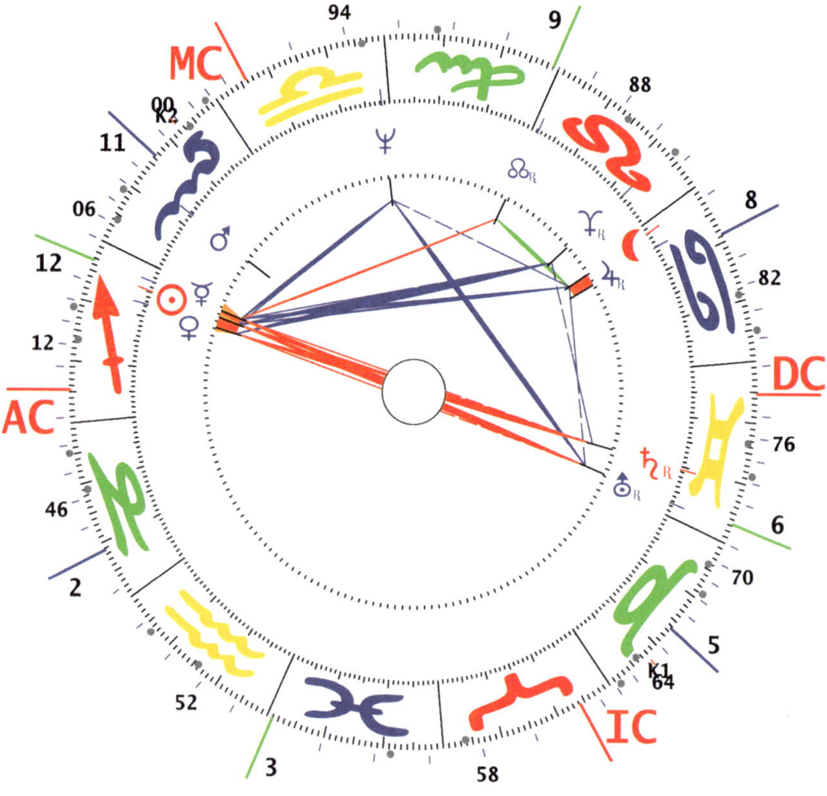

Hendrix, Jimi
27.11.1942, 10.15, Seattle, USA

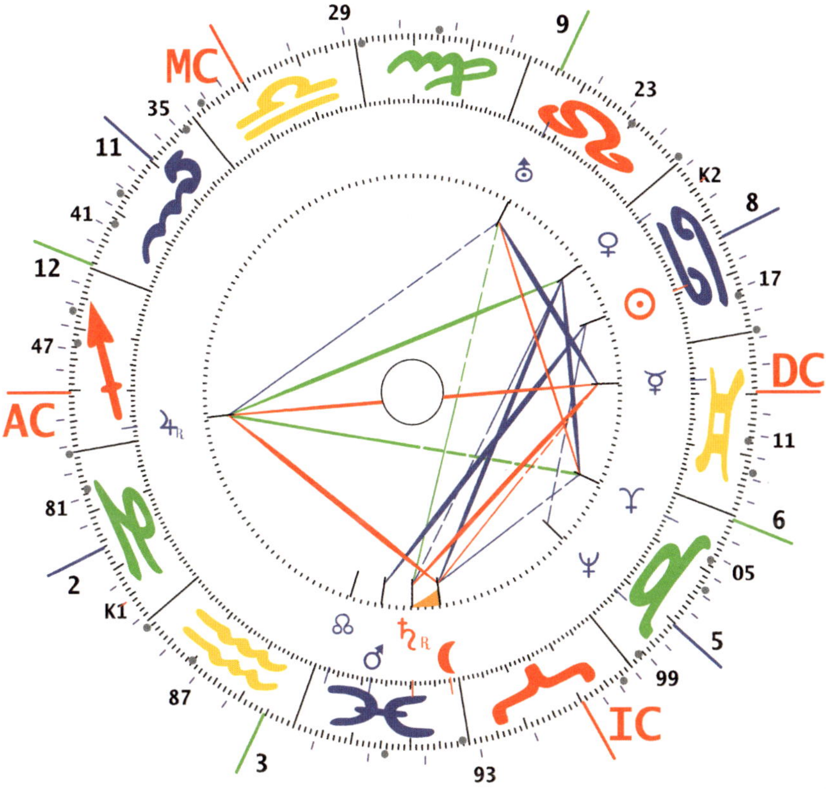

Hesse, Hermann
02.07.1877, 18.30, Calw-Hirsau, D

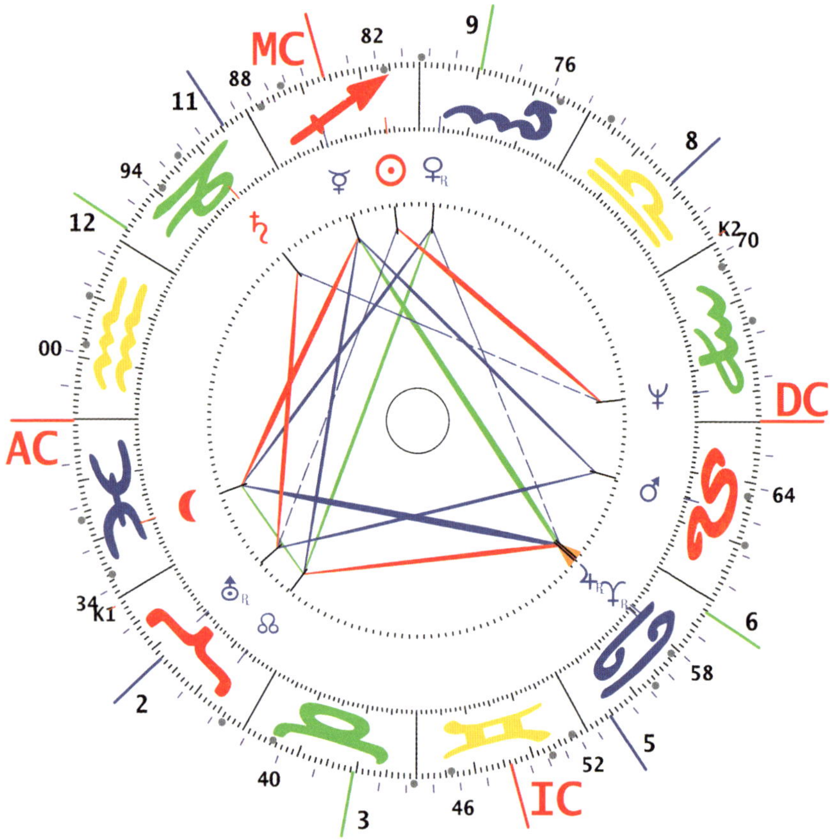

Huber, Bruno
29.11.1930, 12.55, Zürich, CH

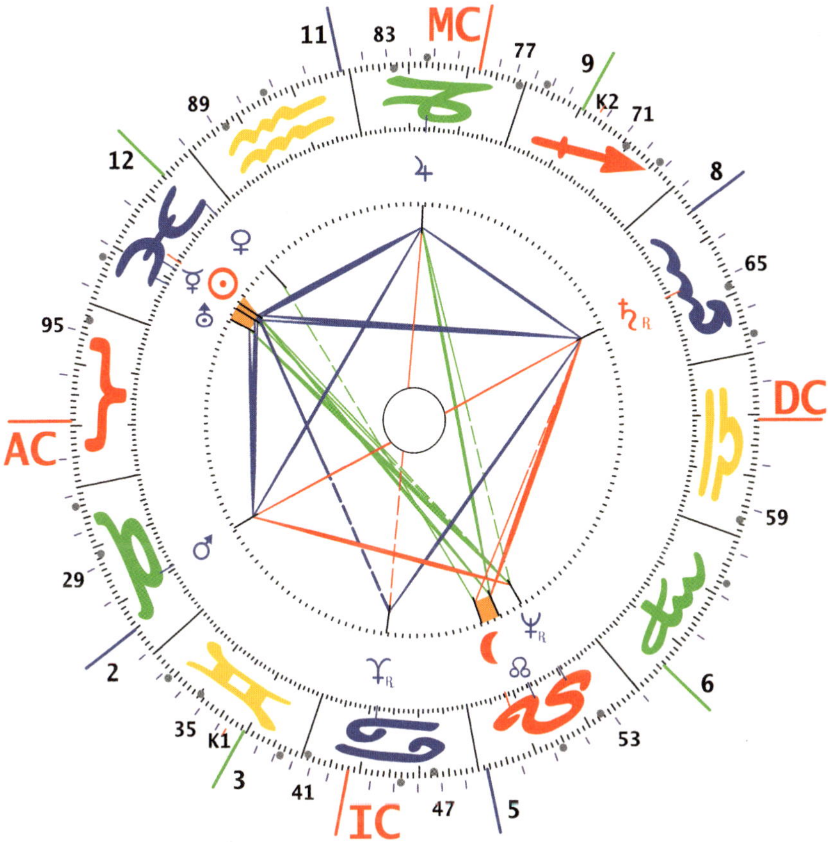

Jäger, Willigis
07.03.1925, 08.00, Hösbach, D

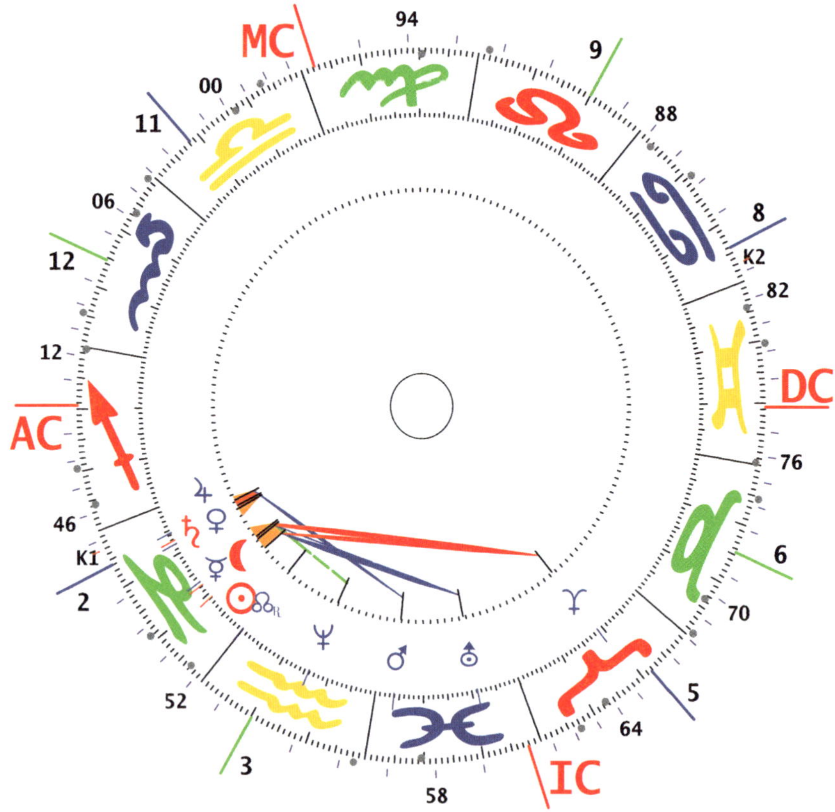

James, William
11.01.1842, 04.30, New York, USA

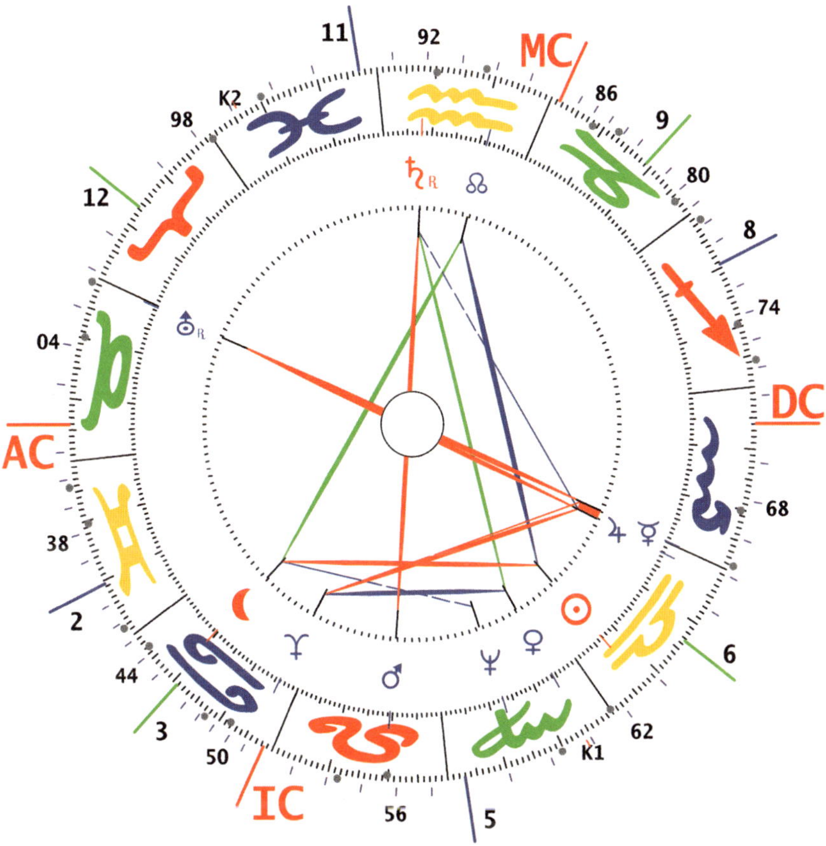

Jürgens, Udo
30.09.1934, 19.30, Klagenfurt, A

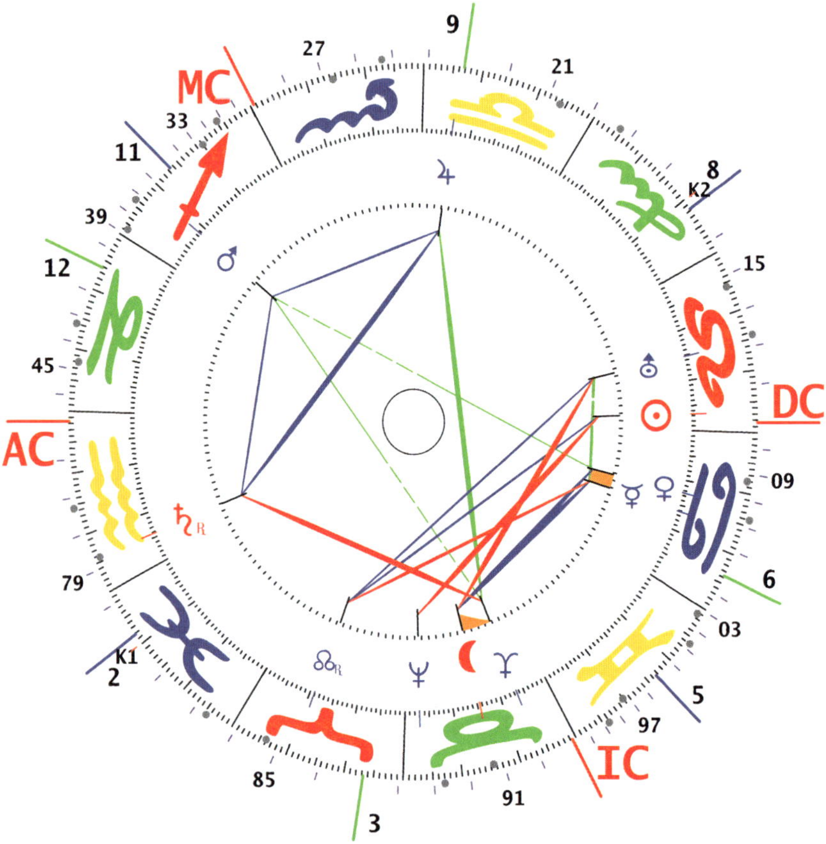

Jung, Carl Gustav
26.07.1875, 19.32, Kesswil, CH

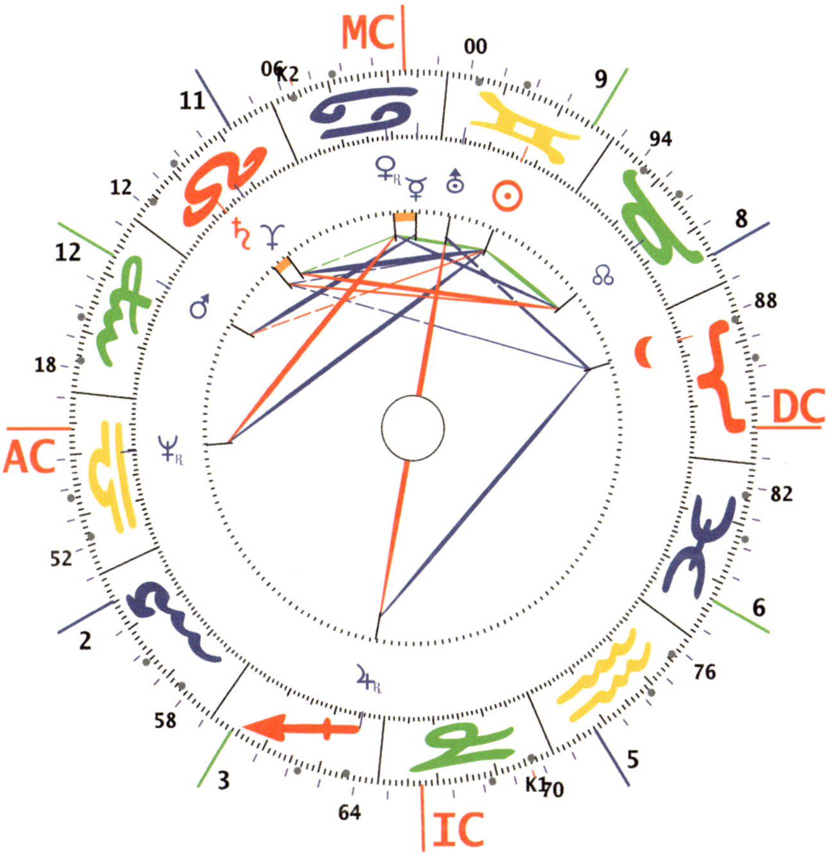

Kaiser, Annette
03.06.1948, 14.10, Zürich, CH

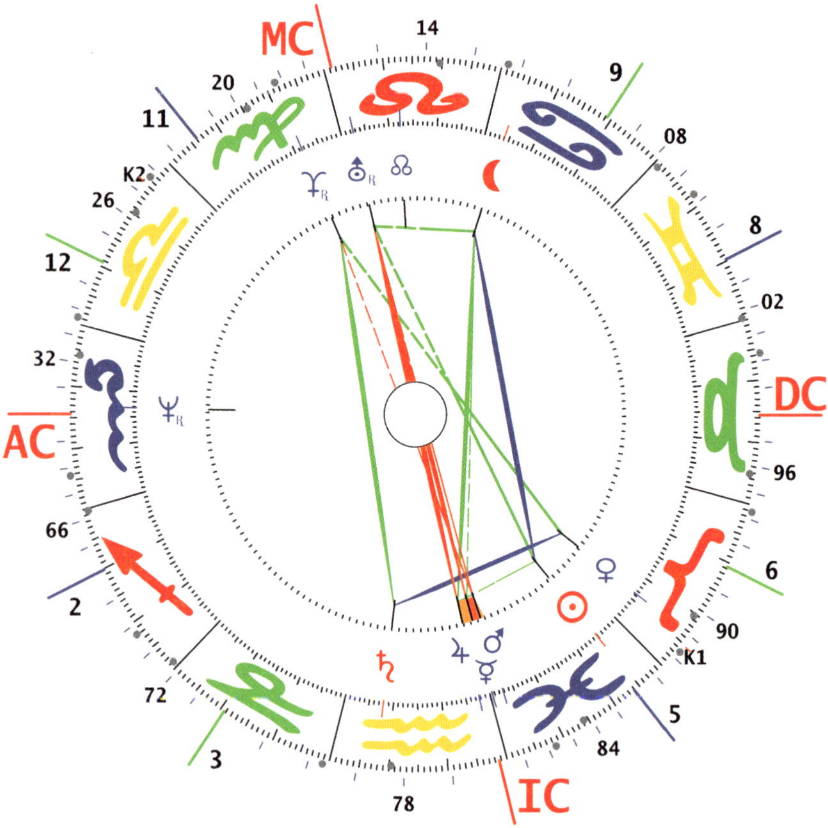

Kaletsch-Lang, Eva
15.03.1962, 22.45, München, D

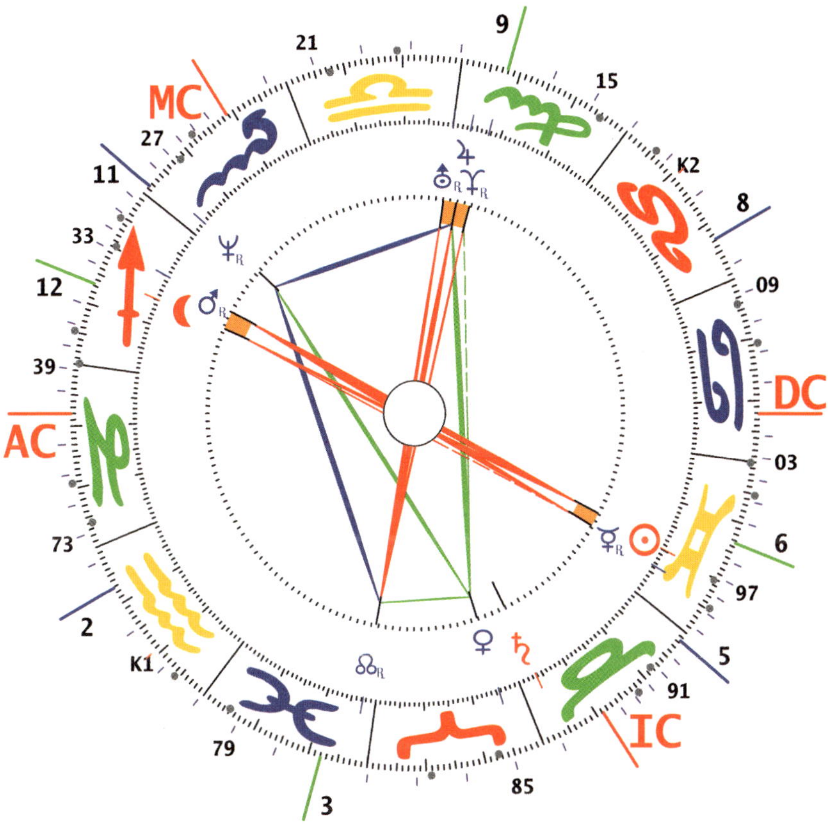

Klein, Peter
31.05.1969, 22.14, Nürnberg, D

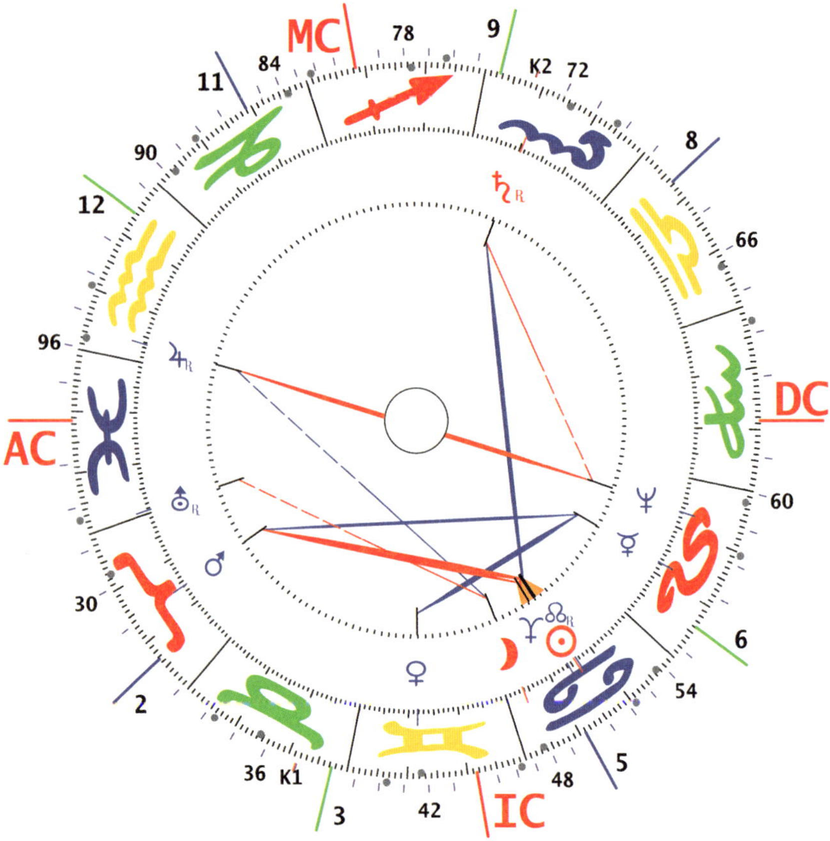

Kübler-Ross, Elisabeth
08.07.1926, 22.45, Zürich, CH

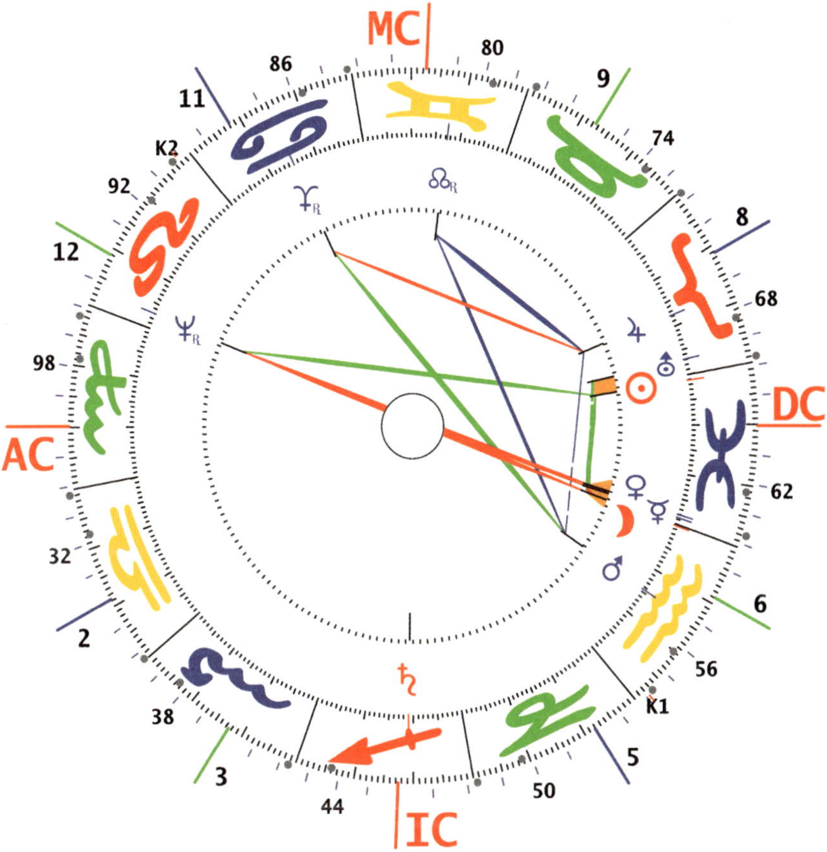

Küng, Hans
19.03.1928, 17.45, Sursee, CH

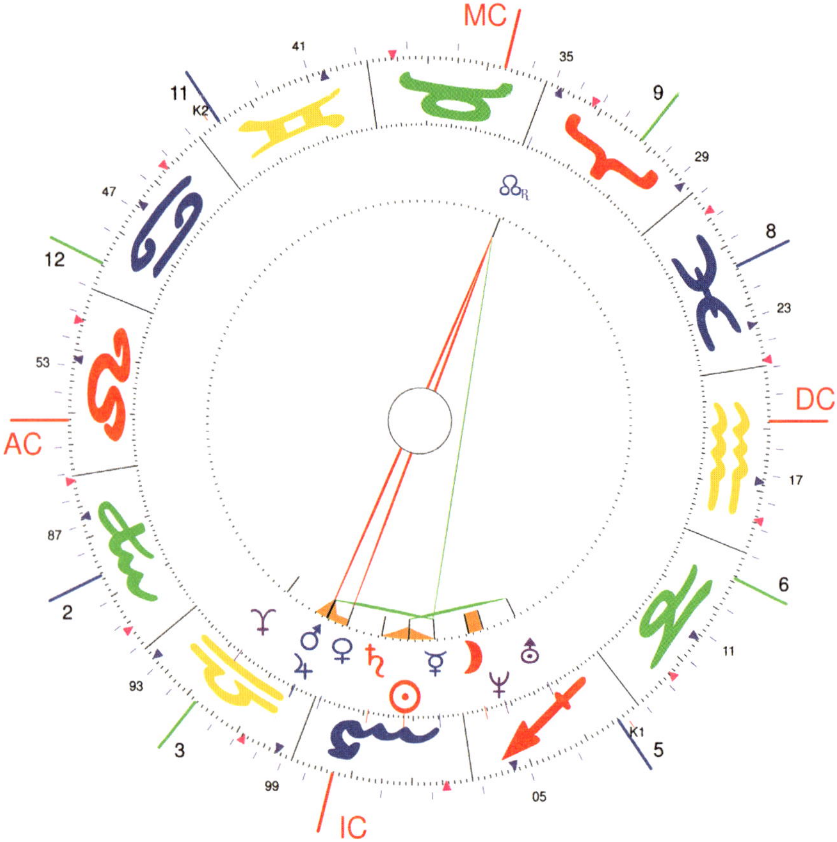

Luther, Martin
10.11.1483, 23.00, Eisleben, D

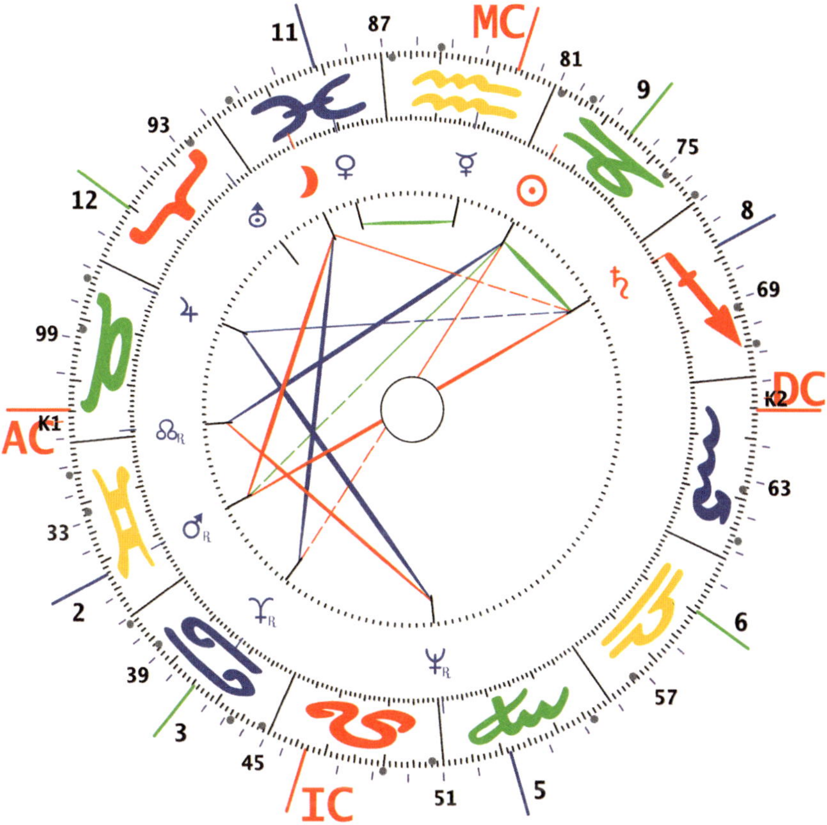

Luther King, Martin
15.01.1929, 12.35, Atlanta, USA

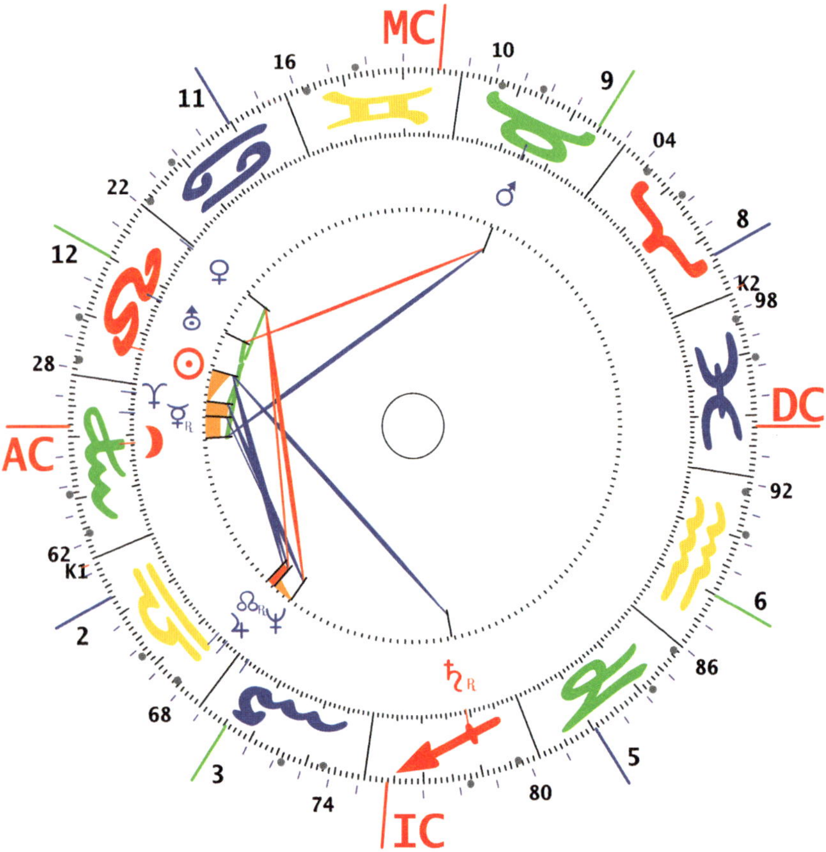

Madonna
16.08.1958, 07.05, Bay City, USA

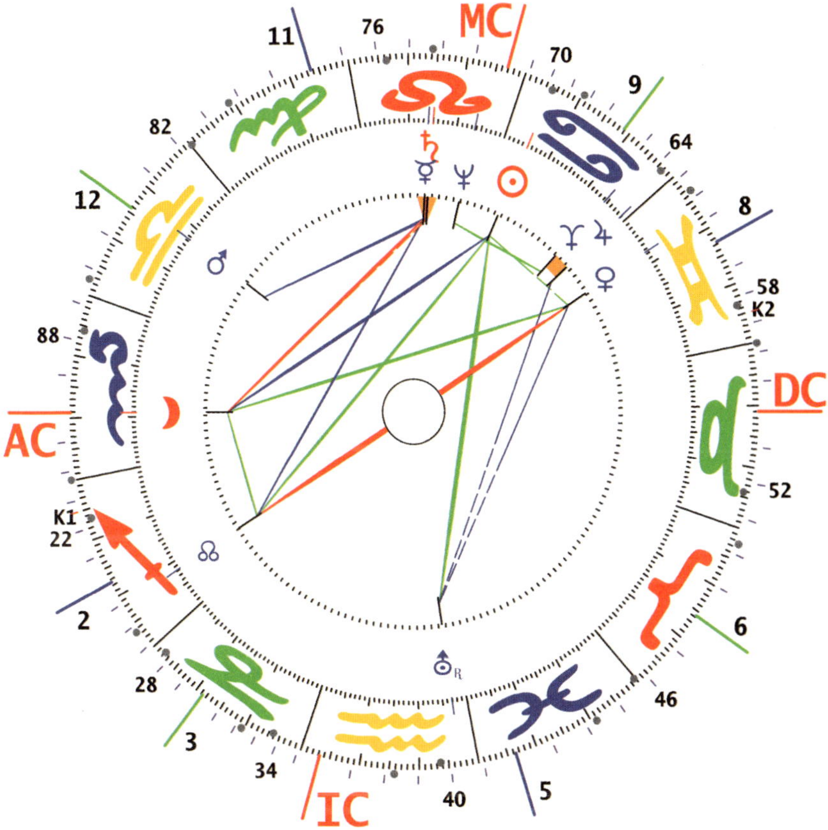

Mandela, Nelson
18.07.1918, 12.45, Umbata, ZA

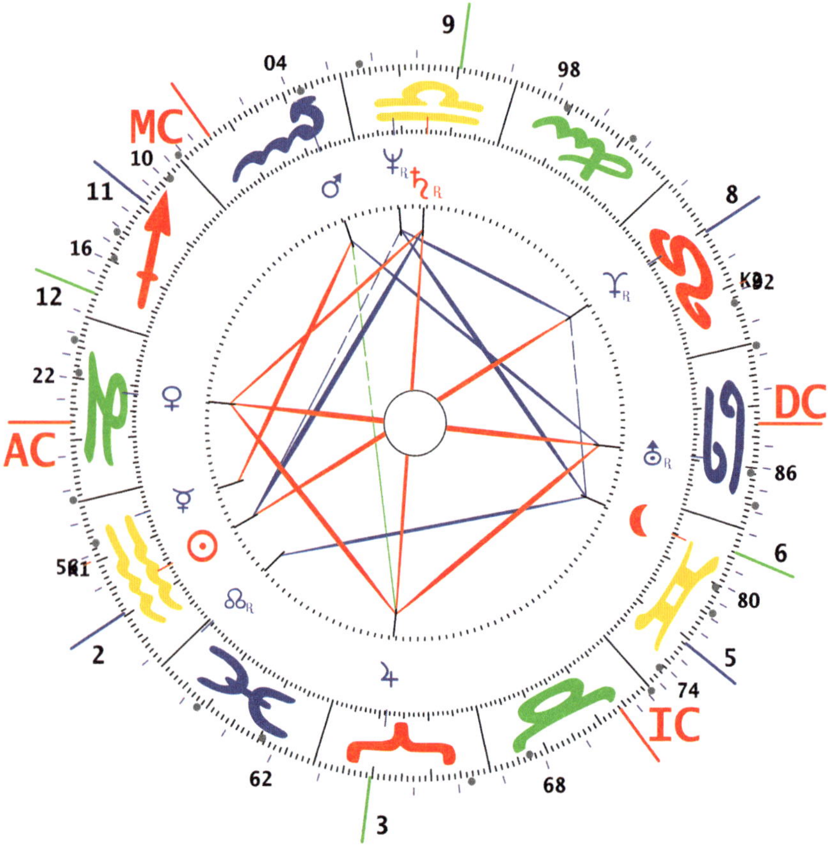

Meyer, Christian
06.02.1952, 06.45, Münster, D

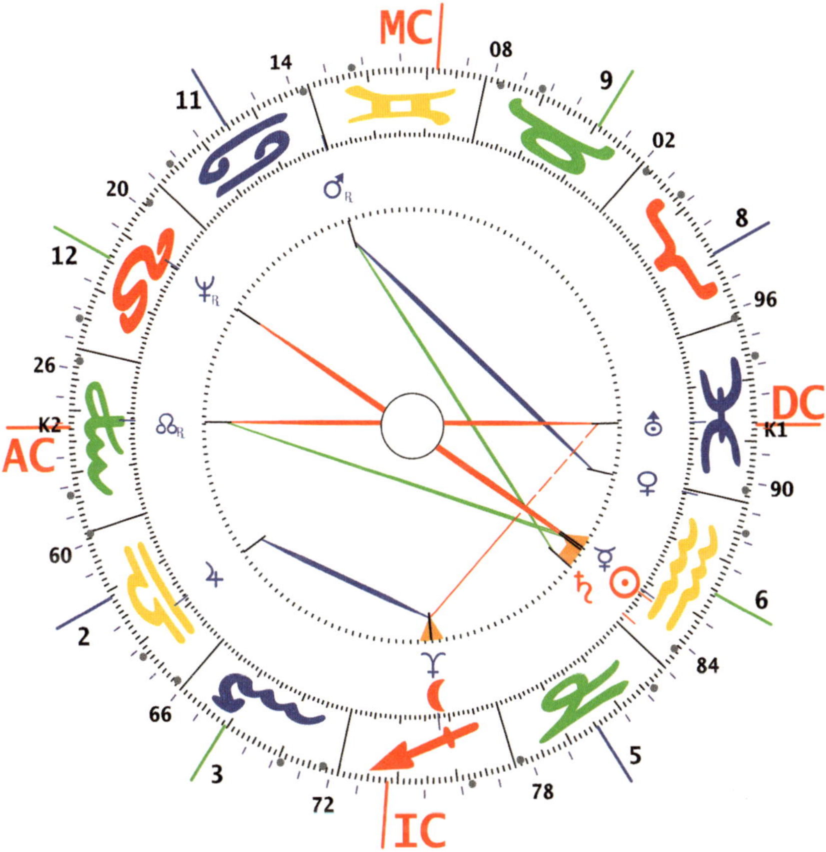

Mozart, Wolfgang Amadeus
27.01.1756, 20.00, Salzburg, A

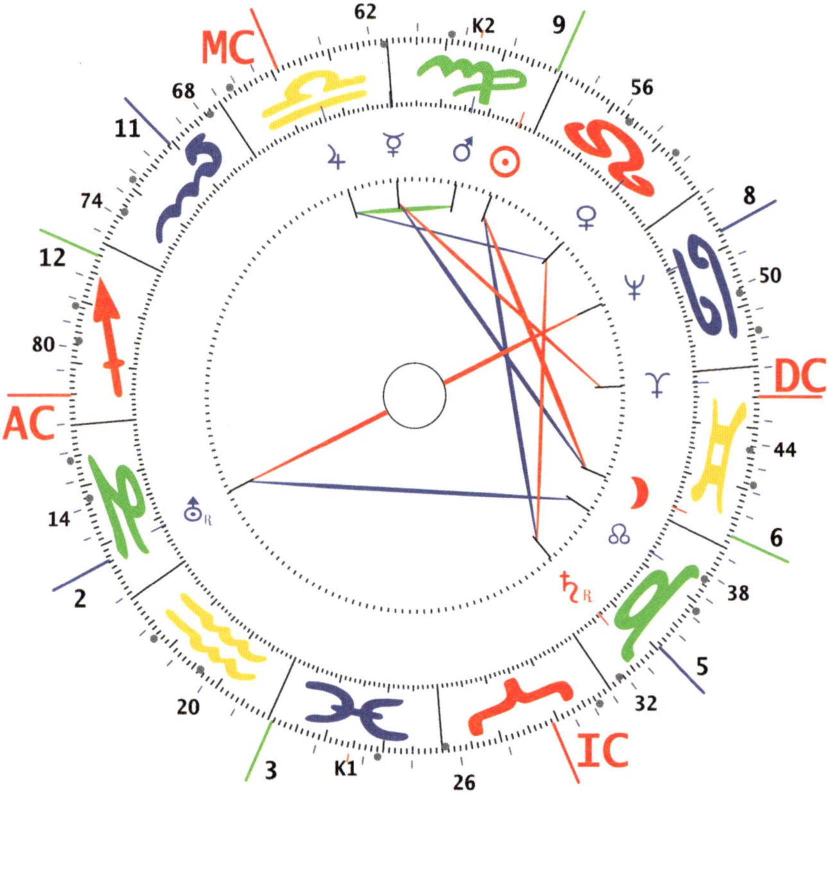

Mutter Teresa
26.08.1910, 14.25, Skopje, YU

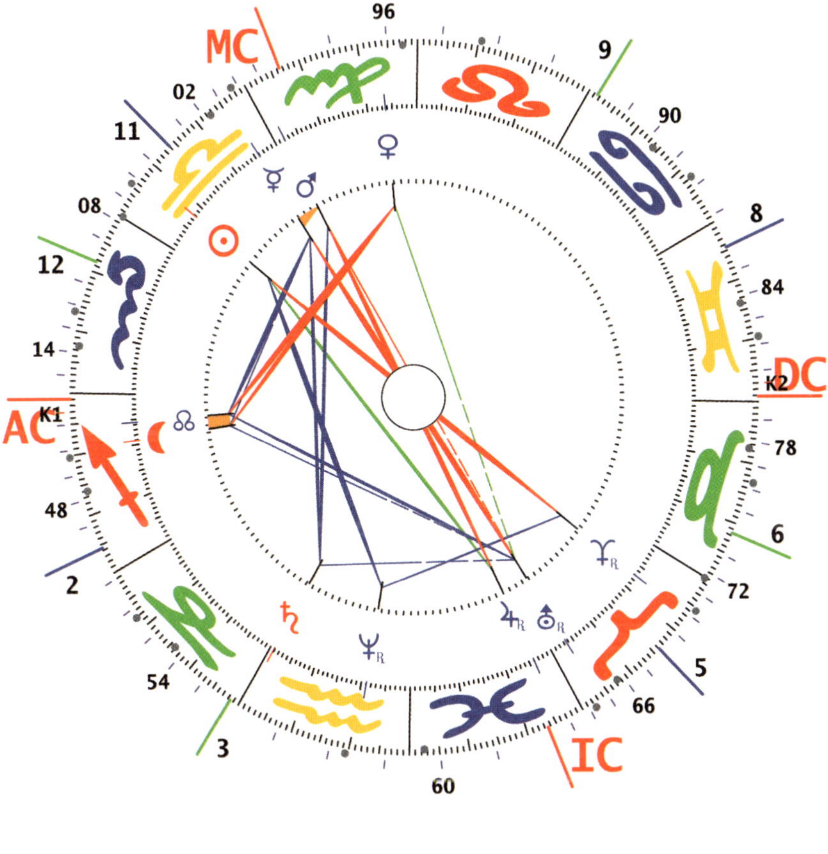

Nietzsche, Friedrich
15.10.1844, 10.00, Röcken, D

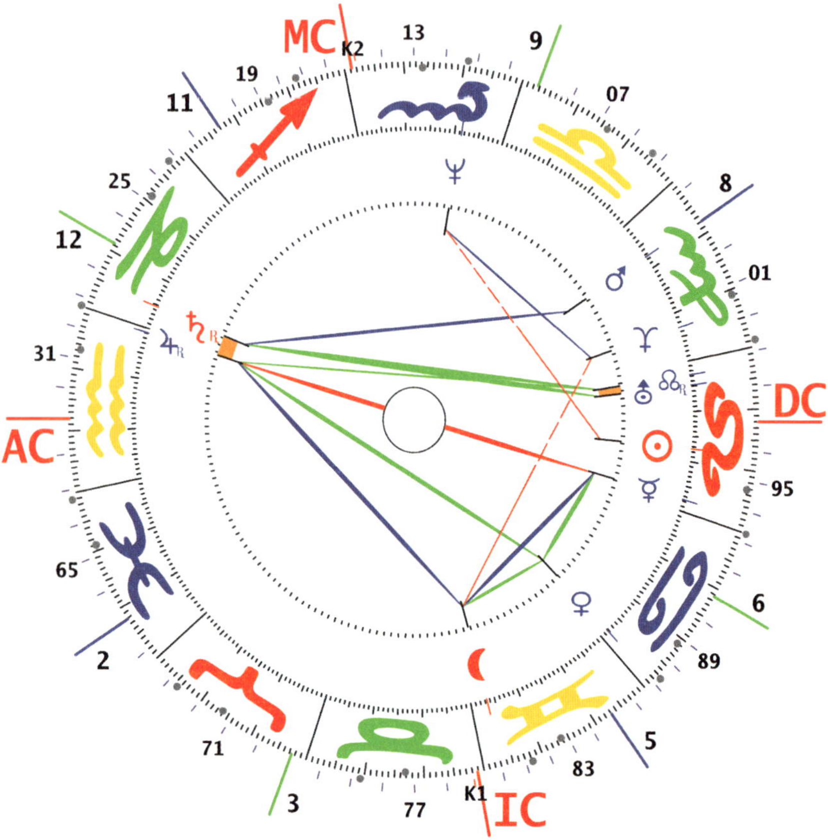

Obama, Barack
04.08.1961, 19.24, Honolulu, USA

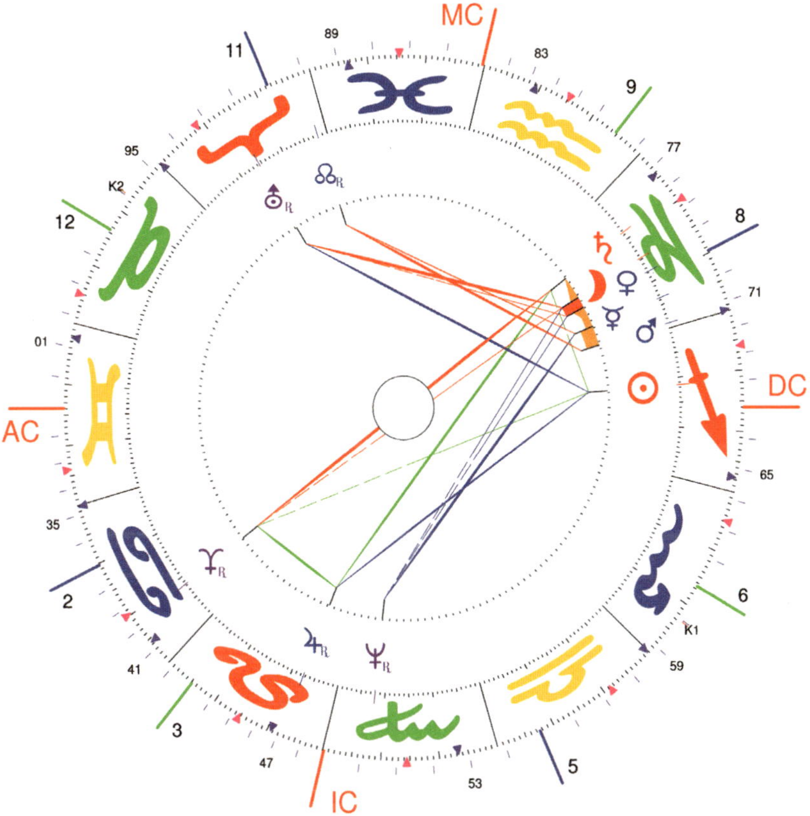

Osho/Bhagwan Shree Rajneesh
11.12.1931, 17.13, Kuchwada, IND

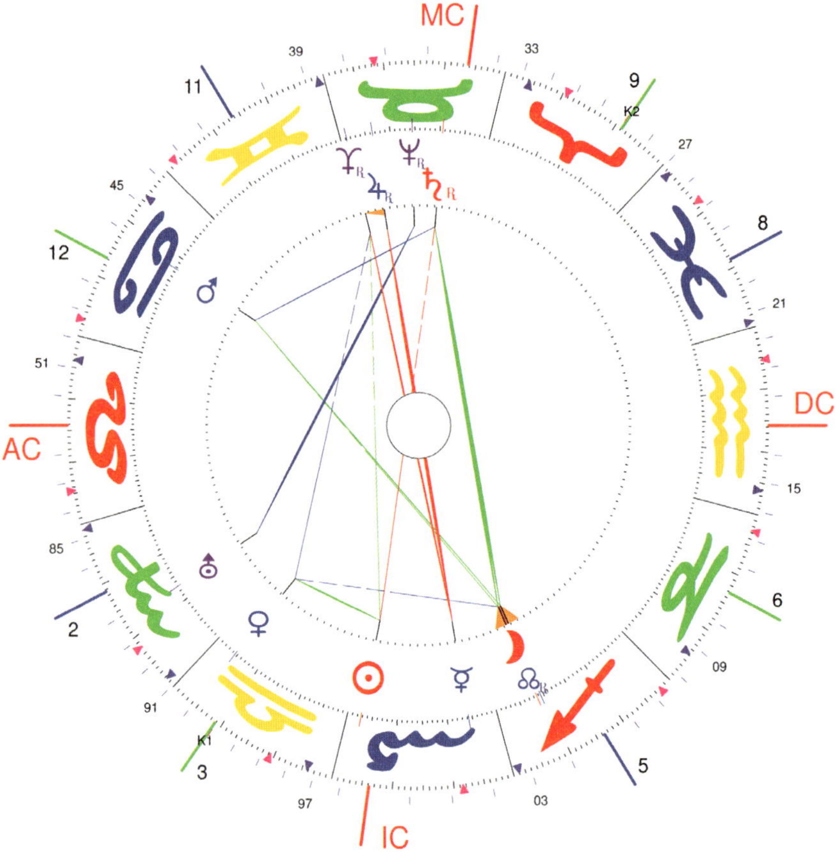

Picasso, Pablo
26.10.1881, 00.32 in Malaga, E

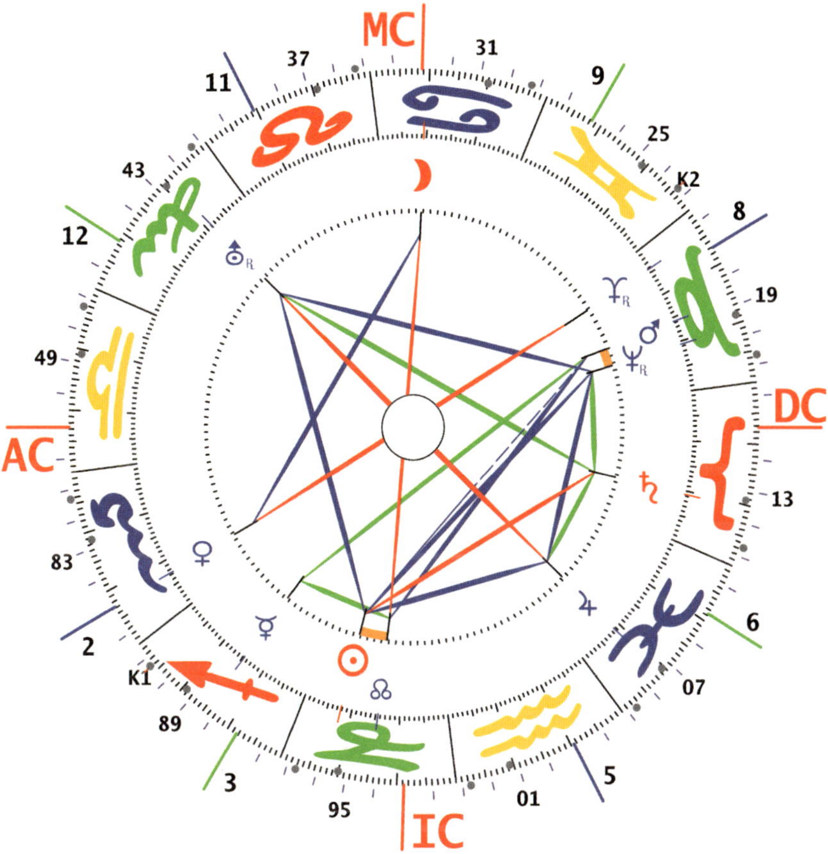

Ramana, Maharshi
30.12.1879, 01.00, Tiruchuli, IND

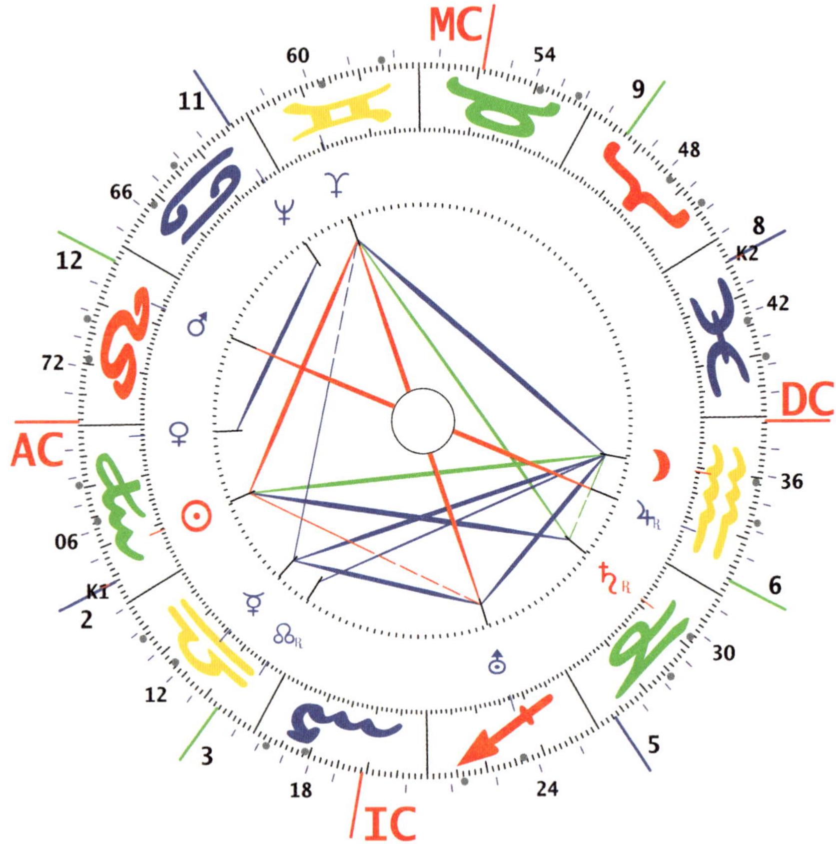

Riemann, Fritz
15.09.1902, 03.43, Chemnitz, D

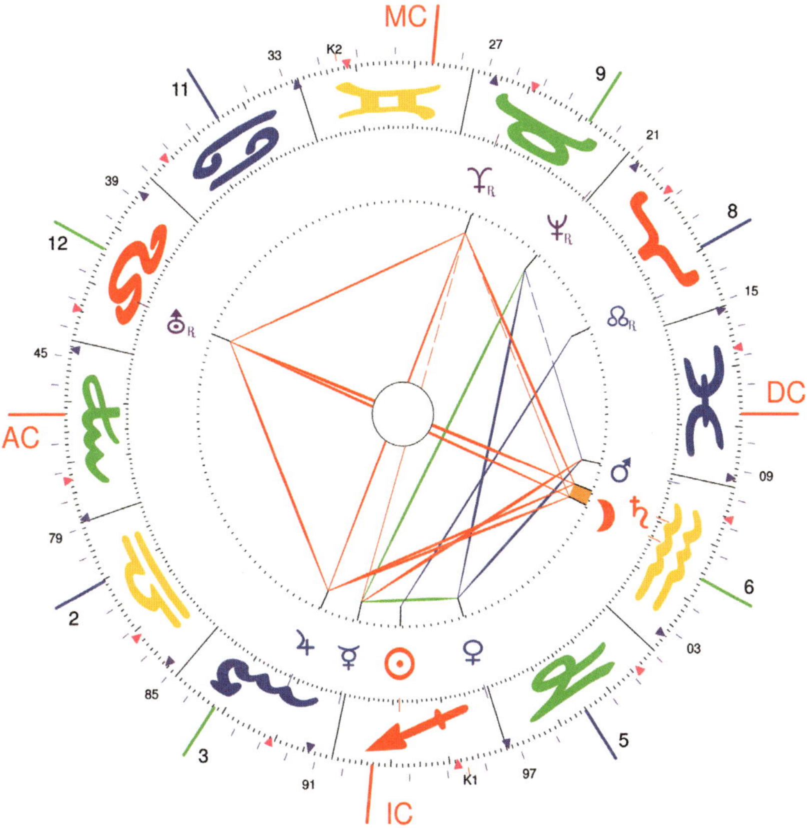

Rilke, Rainer Maria
03.12.1875, 23.30, Prag, CS

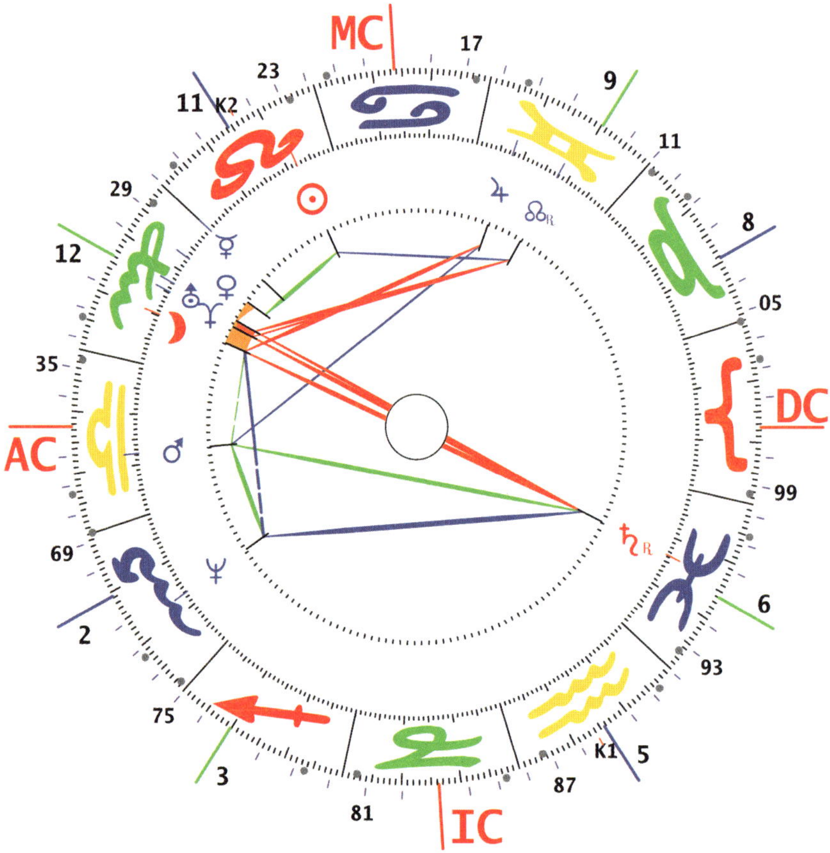

Rowling, Joanne K.
31.07.1965, 11.45, Yate, GB

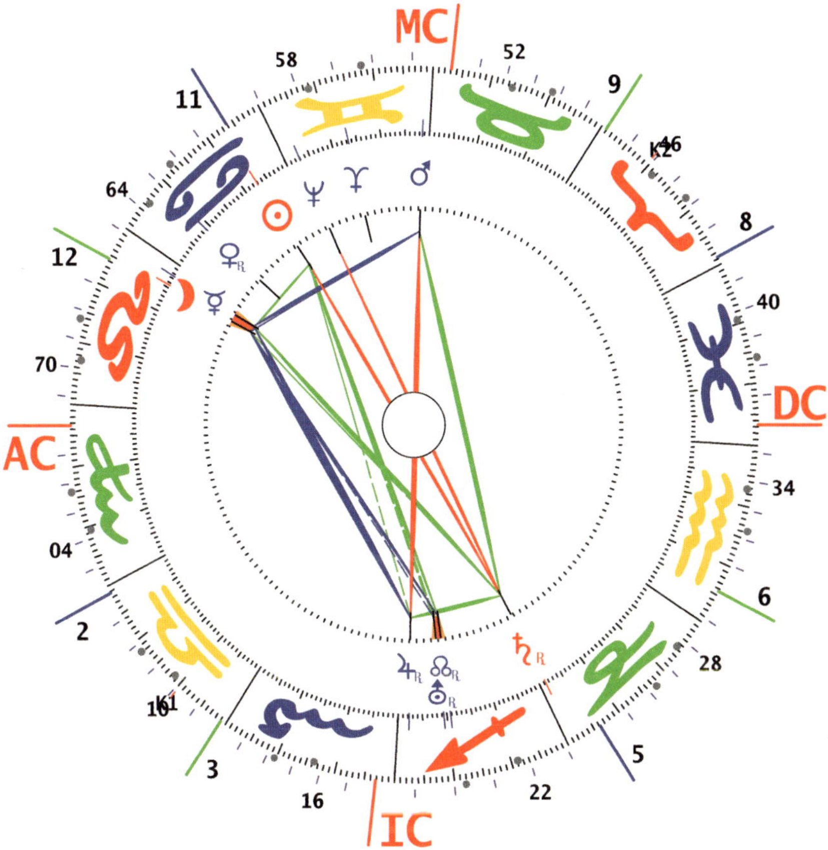

Saint-Exupéry, Antoine de
29.06.1900, 09.10, Lyon, F

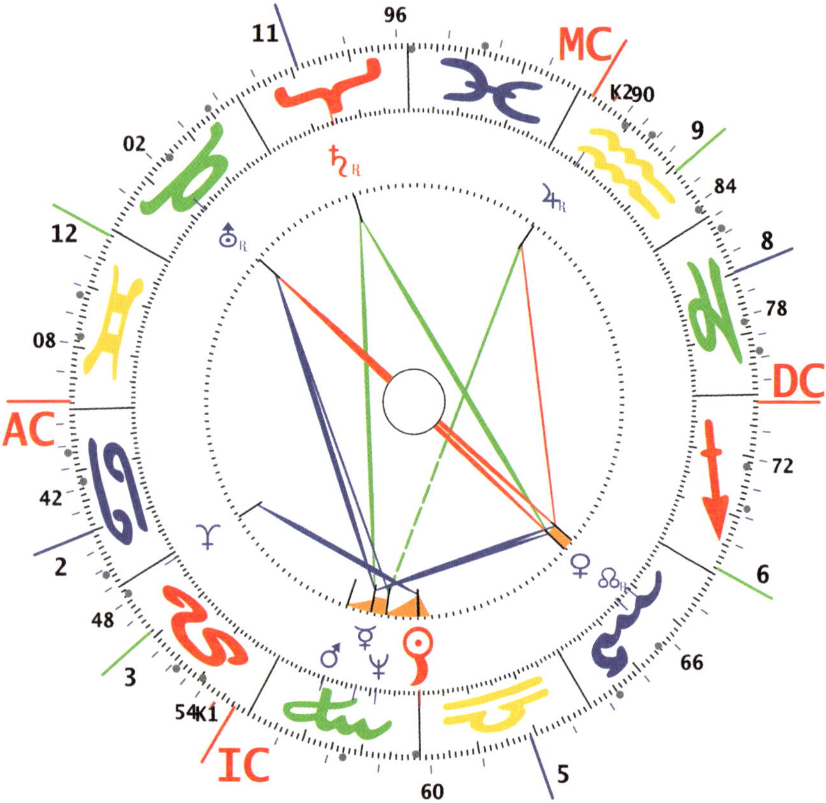

Schneider, Romy
23.09.1938, 21.45, Wien, A

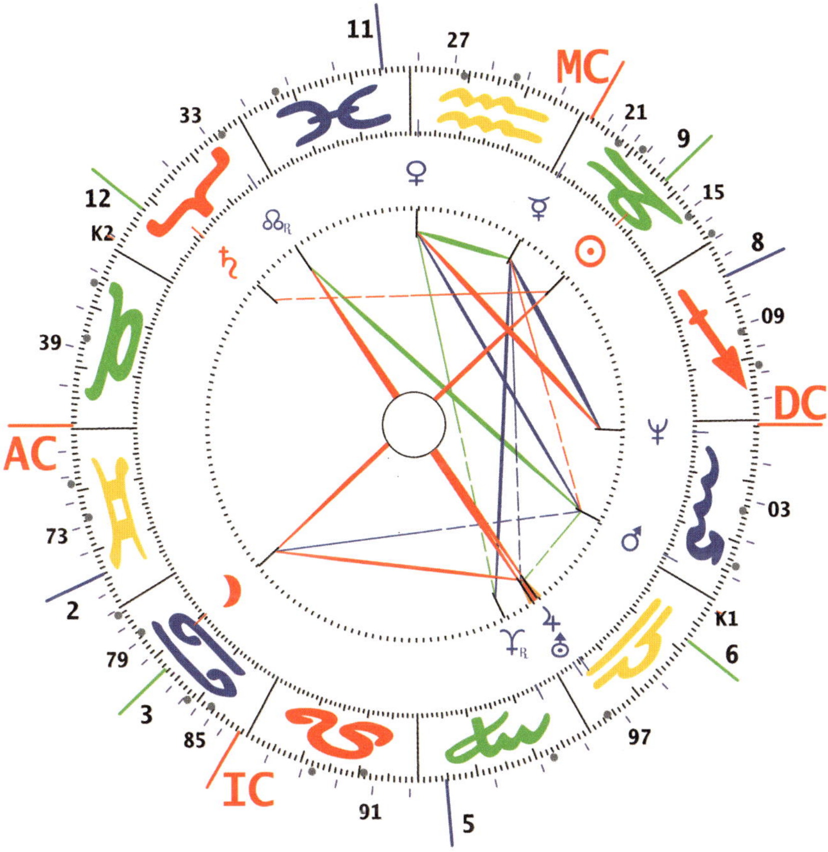

Schuhmacher, Michael
03.01.1969, 13.43, Hürth, D

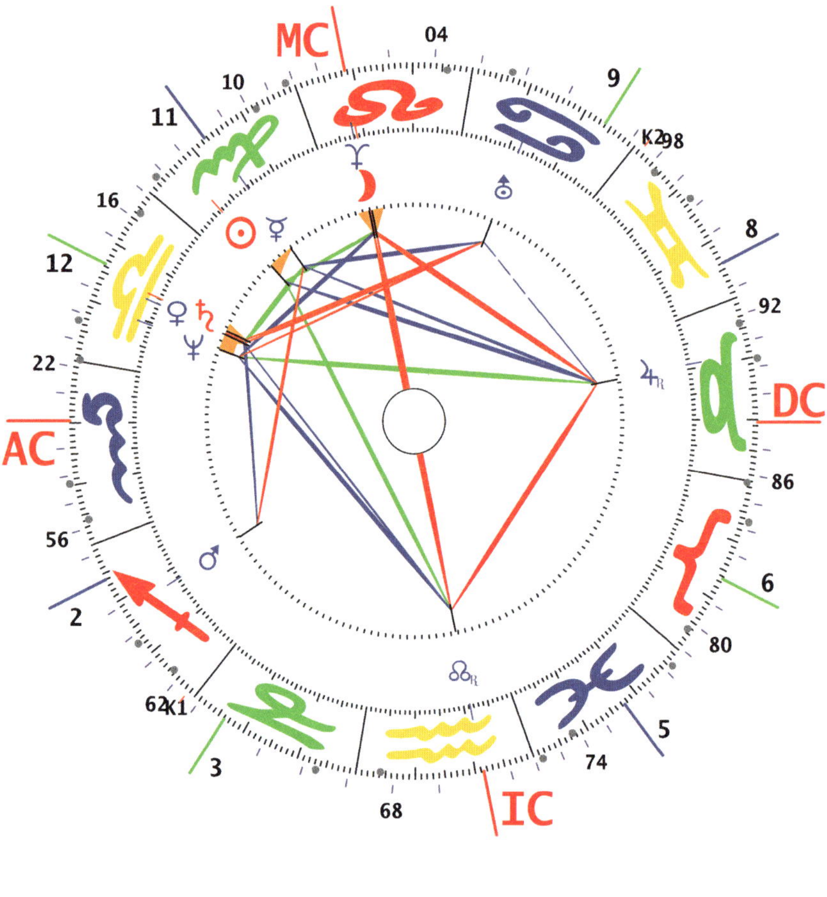

Sulser, Sibylle
16.09.1952, 10.20, Zürich, CH

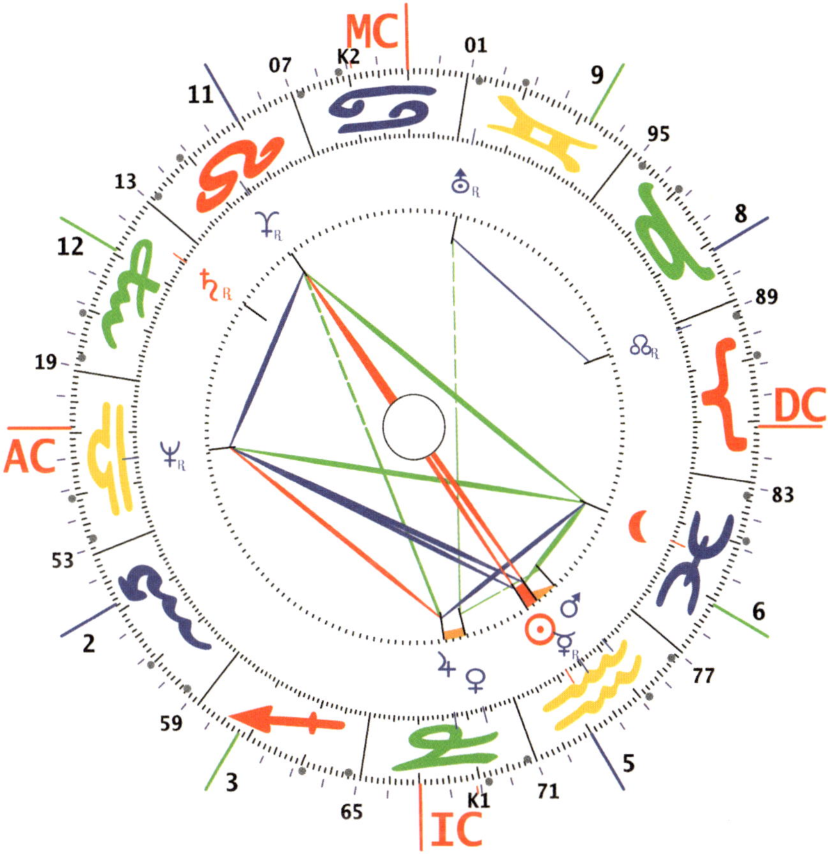

Wilber, Ken
31.01.1949, 22.30 Oklahoma City, USA

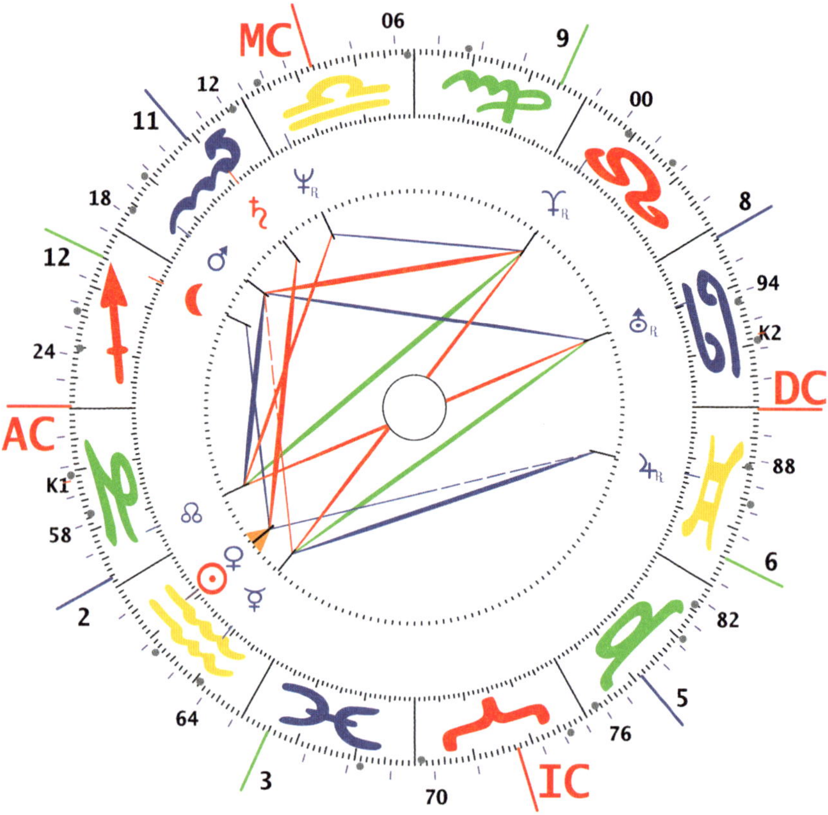

Winfrey, Oprah
29.01.1954, 04.30, Kosciusko, USA

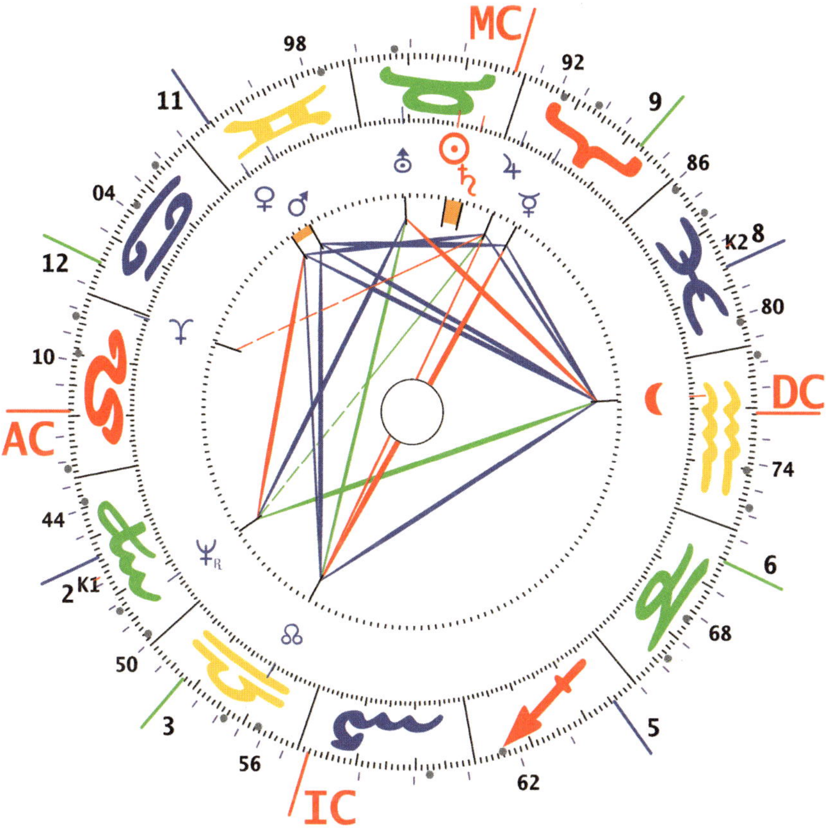

Ziegenhirt, Lore
30.04.1940, 12.45, Kiel, D

Personenregister

Die Horoskopabbildungen der betreffenden Personen finden Sie auf den ***fett gesetzten*** *Seiten.*